葛德石
近代中国考察档案文献汇编

1

张　雷　主编

学苑出版社

图书在版编目（CIP）数据

葛德石近代中国考察档案文献汇编．1／张雷主编．
—北京：学苑出版社，2014.7
ISBN 978-7-5077-4573-3

Ⅰ．①葛… Ⅱ．①张… Ⅲ．①历史地理－档案文献－
汇编－中国－近代 Ⅳ．①K928.6

中国版本图书馆 CIP 数据核字(2014)第 159476 号

责任编辑：杨　雷　　洪文雄
装帧设计：徐道会
出版发行：学苑出版社
社　　址：北京市丰台区南方庄 2 号院 1 号楼
邮政编码：100079
网　　址：www.book001.com
电子信箱：xueyuan@public.bta.net.cn
销售电话：010-67675512　67678944　67601101（邮购）
经　　销：新华书店
印 刷 厂：北京赛文印刷厂
开本尺寸：889×1194　1/16
印　　张：9.25
字　　数：250 千字
版　　次：2014 年 8 月北京第 1 版
印　　次：2014 年 8 月北京第 1 次印刷
定　　价：180.00 元

“我最热爱的是中国”

（总序）

唐晓峰
北京大学 历史地理研究中心

20 世纪初年，有一些外国学者凭着强烈的学术意志，来到社会激变的中国。他们宣讲西方学术，探索中国问题，艰苦调查，著书立说，在中国近代学术发展中作出重要贡献。但是由于各种原因，他们之中的许多人都被我们忘掉了。美国大地理学家葛德石（G. B. Cressey）就是其中被忘掉的一位。

1923 年，葛德石自欧洲启程，取道北方戈壁荒途来到中国，赴任上海沪江大学（英文名称为 Shanghai College）地质与地理系教授，旋任该系主任，组建新式地学教育。他在 1926 年 9 月 20 日写给美国众朋友的公开信中说：“我一个学期要上四门课，总共十一学时，差不多有一百名学生。”“过去两年来，我主要致力于组建工作和安排讲座，从现在起，我应多做些研究了。”在 1923 年到 1929 年的六年里，他多次到中国各地进行地理考察，“旅行凡三万哩，除云南、四川、西康、新疆和福建外，足迹所至达二十余省”。当时的中国，军阀混战，社会无序，葛德石的地理考察，因“匪乱和内战，屡为阻障”。例如 1926 年，“我本想到内蒙古多做些工作，但由于战事而未果。我又打算对滦河做地质考察，此河从蒙古高原流下，至天津北部入海。工作本进展顺利，但到 7 月 13 日（不是星期五），我突遭五六个歹徒袭击，工作遂告中断”。

1926 年至 1928 年间，葛德石三次油印了一份关于中国地理的书稿。后将书稿完善，配以图表、照片，以 *The Geography of China*《中国地理》为名，交上海商务印书馆印刷。“1932 年即将出版时，逢日本侵入上海，底版被毁，所有图幅及照片全部损失。”此时，葛德石已经返美，在雪城大学（Syracuse University）任地质地理系主任。复经重事编纂，书稿再成，于1934年改在纽约出版，名为*China's Geographic Foundation：A Survey of the Land and its People*（《中国的地理基础》）。

葛德石的书在美国出版后，在中国遂有反响，因受重视，“盗版”书不久问世。据侯仁之师回忆，1936年先生于燕京大学留校任教，须讲授中国地理学，参考书以葛德石的著作最佳，但原版难求，只能找到非正式翻印的劣版。因一直喜爱此书，先生直到留英期间（40年代后期），才在英岛购得原版（已然是第八次印刷版），当时的订购单与发票至今与书同为珍藏。

葛德石书原为英文，非正式的中文译本早便流传，且不止一种。直到1945年，此书总论部分（前六章）的中译本正式出版，译者是薛贻源，书名为《中国的地理基础》，由开明书店印行。薛氏在译序中说：“总论部分，译者于肄业师大地理系时，承系主任吾师黄海平先生的鼓励课外译读和训诲，即将初稿完成；去冬原著者葛德石教授代表美国国务院访华，于来所就任本所研究员时，得机面请教益，特将译文重加整理出版。”“至于分论部分，系由吾师谌稷如先生译出”，“定名为《中国区域地理》，将另行出版”。所谓分论部分，即第七至二十一章，均为区域地理，包括十五个大区：华北平原、黄土高原、山东辽东热河山地、满洲（东北）平原、满洲东部山脉、兴安岭、中亚草原与沙漠、中央山系、长江平原、四川红壤盆地、江南丘陵、东南沿海、两广丘陵、西南台地、西藏边陲。此分论部分于1947年由正中书局出版。

葛德石《中国的地理基础》一书的重要贡献之一，是采用了十五个自然区（见上）的划分方法。此前关于中国的地理著述，多利用已有的政区为区域框架。政区尽管分辨明确，易于指示，但于环境与经济方面，却相当混乱。葛德石指出，“一个农夫生活在河南或在山东的事实，其在地理上的意义，远不及他的农田是在肥沃的平原或在多石的山地。农民更关心的是谷物的适当雨量，而不是省会的名称”。所以对中国景观区域的划分，宜舍弃政治的界线，而依据环境与经济的特征。葛德石的十五区分法，早先在本书的沪江大学油印初稿中便已提出，正式出版时更臻完善。

不过，应该说，舍弃政治界线而取环境特征的中国区域划分方法，并不是自葛德石始，即使在洋人中，1908年夏之时（L. Richard）的《中国坤舆详志》（*Comprehensive Geography of the Chinese Empire*）就已经用了自然区划法。所以准确地说，葛德石的贡献在于，他的划分更为合理，而其所合之理正是地理学中很要紧的一点，即人与地的关联性。

葛德石的书，以“人类的遗产”一节开篇，他写道：“中国人民生活的根基，深入到土地里面。细心耕种的田园，徒手收获的农作，以及土筑的屋舍，在显示着人与自然的密切联系。”葛德石的地理区域划分，以人地关系特征为指标，观察人如何“渲染”了大地，这最终体现为文化景观。重视文化景观，正是美国地理学的一大特色。一方面是理论传统的引导，另一方面可能产生于同工业化的美国景观的对照。葛德石在中国感受到人与环境的和谐完美：中国“文化景观的种种方面，曾经过了一次进化调和的广泛过程，几乎在每个地方，人们在很久以前，业已尽他所有的工具，来利用自然的富源了。……中国的人生活动已与自然环境完全相适应，我们应用生态植物学的名词，可称之为最理想的‘群落’。”这里，葛德石并非是空发议论，以他在中国“三万哩”的野外观察与情景体验，上述言语应是发自内心。

同样是因为野外考察，他常常发现旧有地理“文本”上的问题。例如在蒙古高原考察时他发现：“许多蒙古地图上都画了不少并不存在的城市，好像作图的人不愿意留出一大块空白的地区。另外，他们参考旅行者的记录，在地图上标满了地名。许多地名是河谷或牧场，也有一些只是井或者不重要的寺庙。其实城市仅仅分布在沙漠的边缘。有一次笔者来到一个地方，在一类标注已成规模的城镇的地图上，这个地方总要被标出来，但那不过是一个电报亭，只住着夫妻俩和一个孩子。还有一次，我用了好几天去找一座在最好的地图上指示的城市，可那座城市早在好几个世纪之前就被成吉思汗毁掉了。”

充分的考察体验与大量的文献整理，构成了写作《中国的地理基础》的基础。在总论中对中国地理形势的宏观把握，在分论中对十五个大区的贴近描述，令一个广袤大国的复杂地理呈现在不同的视野中。科学理性，使本书对中国的优点与劣点并举，在批评方面，并无忌讳。然而，与研究对象的亲近性，又令作者对他所描述的人文大地日渐生情。这是地理学的特点，也是地理学家的特点。我们注意到葛德石在“原序”中脱口而出的一句感慨：因为本书要冷静地对待中国的各方问题，“著者对中国的真诚的友谊，或已难为人知了。”

其实，葛德石“对中国的真诚的友谊”正溢于书表。书中对中国文明的赞美与对中国现代更新的信心，在在可见。葛德石所亲历的中国，正值内乱频发、外患不止的时代，但他在“理解中国”一节中却告诉读者：“目前是不足作为批判中国的代表时期。”“今日中国历史最重要的因素，不是报纸所通常报告的战争和饥馑。经济的、社会的和智力的改进，较之过去军事的和政治的演变，重要得多。中国变动得慢，对于她正有所觉悟的世界新秩序，做完满的适应，也许还需要数十年。而她的结局之为坚忍不拔，那是无可疑的。”

在后来的生活中，葛德石对中国的热爱之情，执著未减。他在雪城的住所，本是一座典型的洋房，却在门廊旁添立了两个中国式的红漆大柱。今天故人已去，但红柱在绿色小丘之间仍十分显眼。葛德石曾说："中国所表现的艺术和生活的优美，似乎可于北平（北京）得之……住在北平一年，乃是一种世界的最精选的经验。"不知道他选立红漆大柱是否就是受了北京建筑景观的影响。

"二战"期间，葛德石曾任美国国务院驻华文化联络代表，居重庆，与中国地理学家常有来往，并被聘为中国地理研究所兼任研究员。1944 年，中国地理学会成立十周年，美国地理学家协会通过葛德石发来贺文，中国地理学会亦经葛德石回函致谢，信中讲，"葛德石是我们真诚的朋友，他在中国的不算长的时间里，已访过许多地方。他同中国的大多地理学家均有交往，并向我们详细介绍了美国地理学界的工作。"在信上署名的理事有胡焕庸（主席）、翁文灏、竺可桢、涂长望、张印堂、黄国璋、李旭旦（秘书长）等，这都是中国地理学界的泰斗。抗战胜利后，葛德石以个人的名义写了一封热情洋溢的致中国人民的长信，祝愿中国走出战争创痍，抓住历史新机，振兴民族事业。

1949 年春，在里斯本大会上葛德石当选为世界地理学会会长。4 月 7 日应英国著名历史地理学家达比（H.C. Darby）邀请，到利物浦大学做名为"中国的前途（China's Prospects）"的公开演讲，演讲之后曾由侯仁之先生做答辞。那几天中令侯仁之先生最不能忘怀的是，演讲的第二天，葛德石又被邀做关于苏联的报告，当时葛德石正兼任苏联大地图集顾问，此报告为内部讲座，在报告之先，葛德石特意声明：我今天虽然讲的是苏联，但是"My first love is China（我最热爱的是中国）"。侯先生常常感慨，五十多年过去，这句话依然有声。

1952 年，因为在亚洲研究上的卓越贡献，葛德石被授予美国的戴维森勋章。戴维森勋章专为太平洋地区的地理研究而设，葛德石为获此奖项的第一人。1999 年，侯仁之先生为获此奖项的第六人。

1954 年 2 月 15 日，葛德石"以一个从事了三十来年亚洲研究的地理学家的身份"上书艾森豪威尔总统，就当时的美中关系，提出三点建议：一、台湾国民党没有希望再返回大陆，美国必须与共产党打交道。长远战略是将北京与莫斯科分别对待，莫斯科政治上可以影响中国，但要支持北京在经济上独立，不依赖苏联。这是需要的，也是可行的；二、在一年或多一点的时间以后，只要北京遵守最起码的外交礼仪和条约规定，美国就可以承认北京政权。实施程序可以是，先允许日本与北京贸易，然后美国逐渐同中国大陆直接贸易，在北京加入联合国的问题上美国不动用否决权，最后正式承认北京政权。

与此同时，对美国公众做宣传教育。三、台湾问题。这是个很麻烦的问题，只要台北与北京都宣称自己代表中国，就不可能有解决办法。美国将继续支持蒋介石，但美国显然也要进行一些调整。

1954年3月12日美国国务院助理国务卿Walter Robertson代表总统给葛德石回信，向他申述了美国政府的立场：美国毫无选择地要制裁中国的共产党政权，限制他们同自由世界的贸易，在政治上孤立他们。美国承认台湾的中华民国是中国的合法政权，在联合国代表中国。目前对共产党中国的任何缓和，都会增强他们军备的经济基础，使他们无虑地进攻邻国。承认共产党中国，接受他们在国际社会的合法性，无疑会提高他们的声望。另外，鉴于意识形态的联系与共同的利益，美国看不出在北京与莫斯科之间有任何分歧。美国目前的政策是，逼使北京向苏联索求苏联无法提供的援助，这样就会造成两者关系的紧张。

3月17日葛德石立即给Robertson回信，再次申诉自己的观点。他说：我不赞成任何左派或右派的专权。我之所以给总统写信，是希望国际紧张局面能有缓和的一天。只要存在中华人民共和国愿意建立基本的外交关系的可能性，美国就应当有所准备。

用一句俗话说，真不知葛德石欠了我们中国什么，他竟如此“没完没了”地为中国操心。但是，对这样一位差不多半辈子把心放在中国的世界级的大学者，我们现在的中国人倒是太冷淡、太健忘了。回想1987年我在雪城大学过春节。晚会规模很大，有一位美国男子，虽不会讲中国话，却对中国人分外热情，跟每个中国人都打招呼，他必讲的一句话是：“My father is Cressey（我父亲是葛德石）。”但Cressey是何许人？是他的儿子又如何？他对于中国有什么特别之处？在场的中国人没有一个知道的。归国后，我到上海，找到沪江大学校友会，这个校友会办得很正规，有牌子，有联络处，有专人值守，工作应是很认真的。但是，我查遍了“在校任职外国人名单”，竟没有葛德石的名字。问工作人员，也没听说过。我也查过一些一九四九年以后的中文文献，只在50年代的《地理学报》上找到过一篇文章《葛德石反动地理学批判》，文中说：“在旧中国葛德石曾经挂着沪江大学‘教授’的招牌，干了多年的侦察工作。……葛德石巧于将这些反动观点，包藏在虚伪的关怀、同情与慰勉等好听的言辞当中，偷偷地进行毒害的宣传”，“华尔街走卒”葛德石“‘笑里藏刀’的暗害行为，实在较之公开的进攻更为可怕，更是可恨”。20世纪50年代以后，在中国书报很难见到葛德石的名字了。

如此看起来，是我们欠葛德石先生的太多了。问题是，像葛德石这样早年在中国治学，在内心植下对中国的热爱，在20世纪50年代的风潮中被当作帝国主义政治的陪绑，最后被中国新一代完全忘弃的外国学者，还有不少呢。

不过今日，葛德石的档案有幸被张雷发掘。张雷曾在北大随我读书，后就读于葛德石生前执教终生的美国雪城大学。寒暑几载，他得以遍览该校保存的六十箱葛德石档案，因感慨葛氏的贡献，惜其被埋没，决心在文函图件中重新发现葛德石，并将罕为人知的葛氏中国档案公布于世。档案分别以书信、考察报告、影像的门类编为三册，加上张雷自己撰写的评述葛德石与中国地理学之关系的专著一册，合为四册，一同付梓。

这套书籍，小而言之，是我们对葛德石的回报，是认识葛德石与中国地理学之关系的基础文本；大而言之，是解读近代地理学史以及中美关系史的重要文献，其意义也是不言而喻的。

2014 年 4 月 23 日 于北京五道口嘉园

注：本文最早发表于《读书》2003 年第 12 期，此处为序，略有增删。

总目录

第一卷
葛德石与中国近代地理学

第二卷
葛德石书信档案

第三卷
葛德石在中国考察的报告档案

第四卷
葛德石在中国考察的图像档案

葛德石

近代中国考察档案文献汇编

1

第一卷

葛德石与中国近代地理学

张　雷　著

学生时代的葛德石

葛德石耶鲁读书照（1922 年）

葛德石博士毕业照

葛德石沪江大学办公室（1925 年）

葛德石沪江大学住所（1924–1928 年）

葛德石在鄂尔多斯考察（1924 年）

Royal Asiatic Society.

NORTH CHINA BRANCH

A MEETING of the Society will be held in the Lecture Hall, 5 Museum Road, on Thursday April 9th 1925, at 5.30 p.m., when a Lecture, illustrated by lantern slides, will be given by

GEORGE B. CRESSEY, Ph. D.
Professor of Geology, Shanghai College

on

"A Geologic and Geographic Reconaissance in Kansu, Tibet and Mongolia"

THE MEETING IS OPEN TO THE PUBLIC.

W. STARK TOLLER.
Hon. Secretary.

葛德石讲座通知（1925 年）

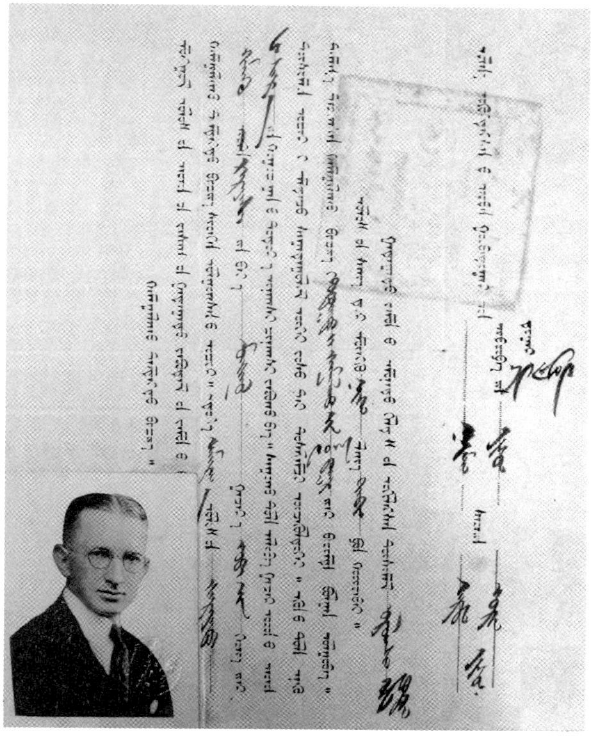

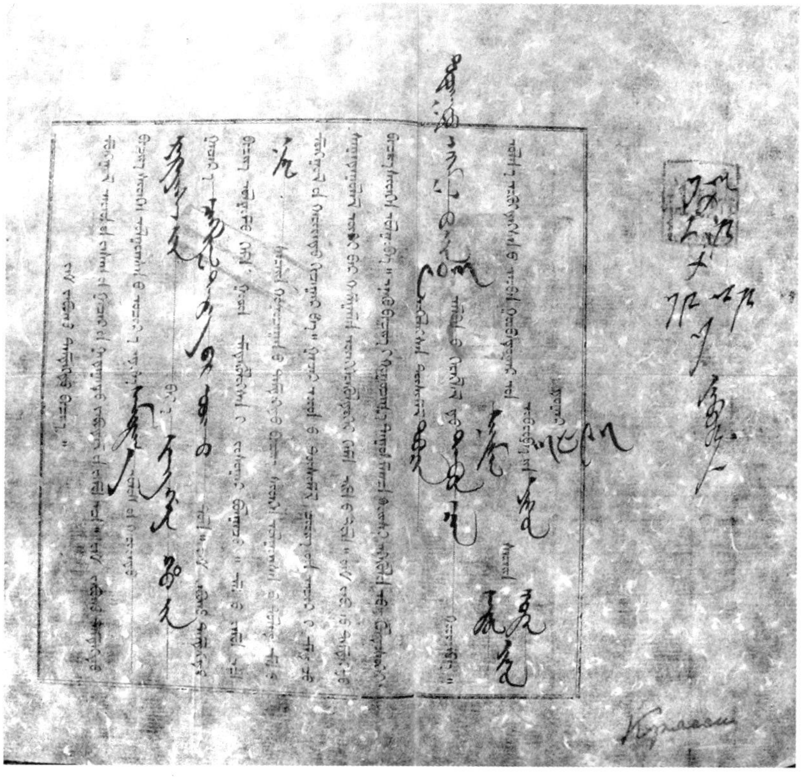

蒙古通关文件

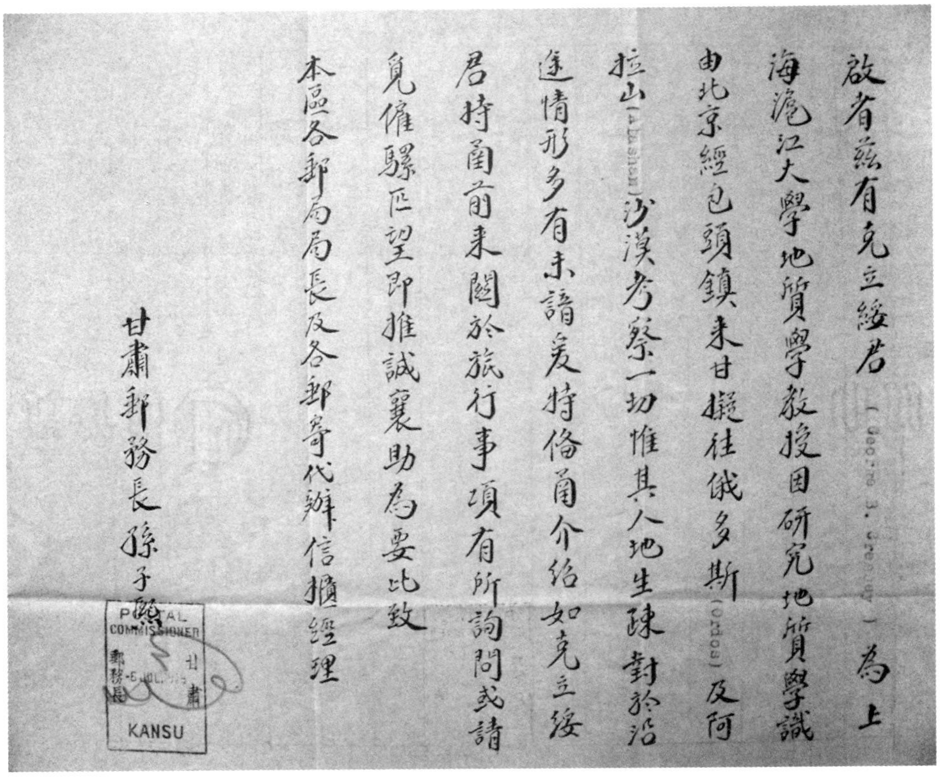

啟者茲有克立經君（George B. Cressey）為上
海滬江大學地質學教授因研究地質學識
由北京經包頭鎮來甘擬往俄多斯（Ordos）及阿
拉山（Alashan）沙漠考察一切惟其人地生疎對於沿
途情形多有未諳爰特備函介紹如克立經
君持函前來關於旅行事項有所詢問或請
見僱騾匹望即推誠襄助為要此致
本區各郵局局長及各郵寄代辦信櫃經理
甘肅郵務長孫子[illegible]

甘肃邮务总长为葛德石开具的介绍信

葛德石带领沪江大学学生野外考察

葛德石结婚照（上海，1925 年）

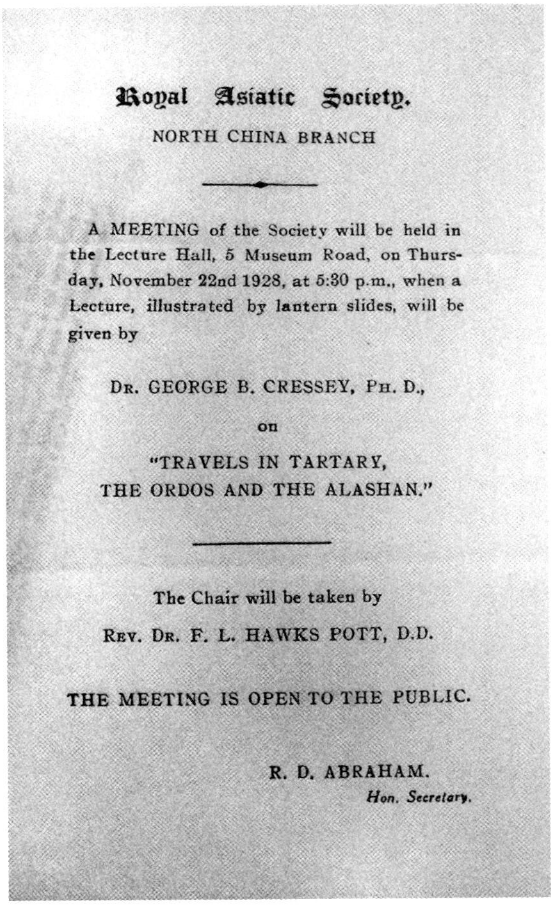

Royal Asiatic Society.

NORTH CHINA BRANCH

A MEETING of the Society will be held in the Lecture Hall, 5 Museum Road, on Thursday, November 22nd 1928, at 5:30 p.m., when a Lecture, illustrated by lantern slides, will be given by

DR. GEORGE B. CRESSEY, PH. D.,

on

"TRAVELS IN TARTARY, THE ORDOS AND THE ALASHAN."

The Chair will be taken by

REV. DR. F. L. HAWKS POTT, D.D.

THE MEETING IS OPEN TO THE PUBLIC.

R. D. ABRAHAM.
Hon. Secretary.

葛德石 1928 年讲座通告

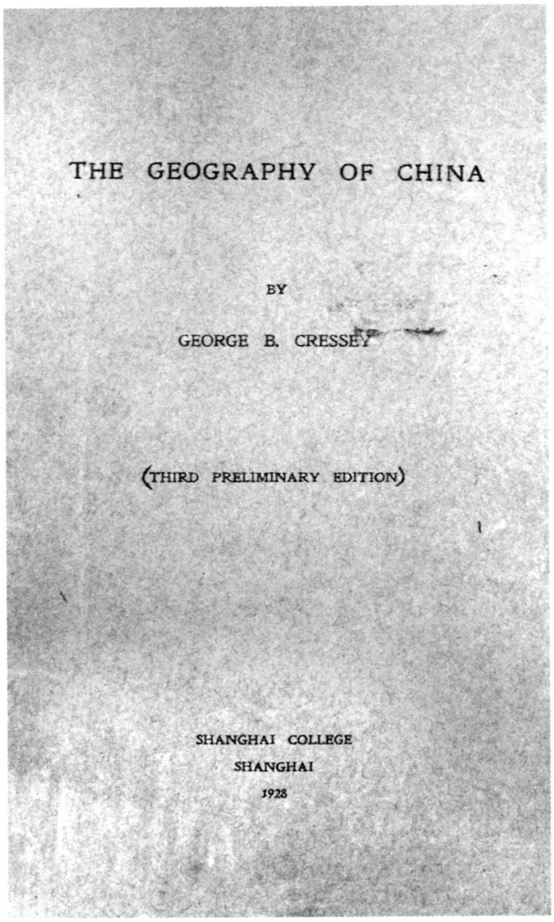

THE GEOGRAPHY OF CHINA

BY

GEORGE B. CRESSEY

(THIRD PRELIMINARY EDITION)

SHANGHAI COLLEGE
SHANGHAI
1928

葛德石《中国地理》书影（1928 年）

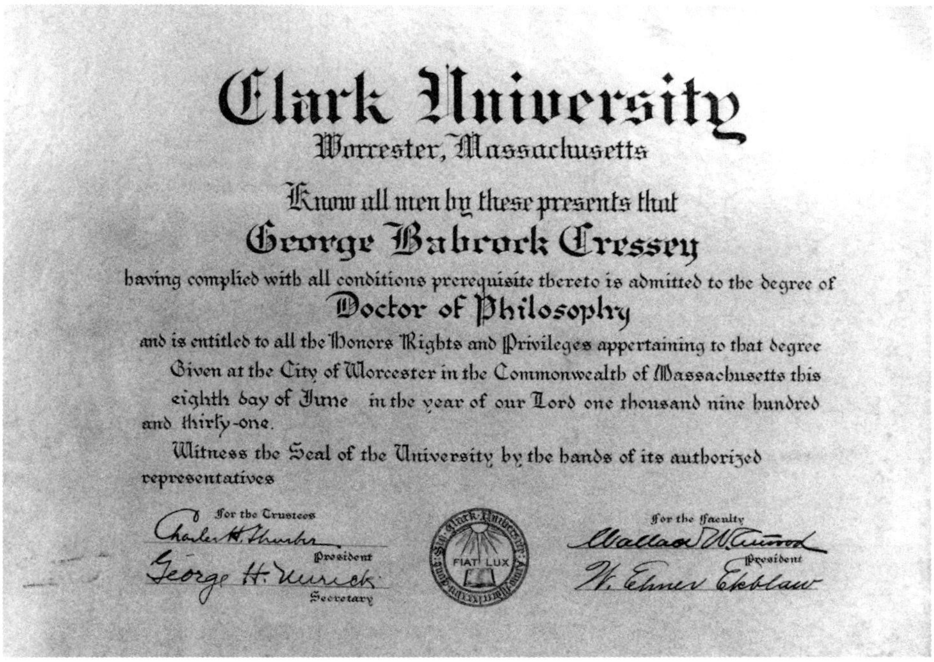
Clark University
Worcester, Massachusetts
Know all men by these presents that
George Babcock Cressey
having complied with all conditions prerequisite thereto is admitted to the degree of
Doctor of Philosophy
and is entitled to all the Honors Rights and Privileges appertaining to that degree
Given at the City of Worcester in the Commonwealth of Massachusetts this eighth day of June in the year of our Lord one thousand nine hundred and thirty-one.
Witness the Seal of the University by the hands of its authorized representatives

For the Trustees
President
Secretary

FIAT LUX

For the Faculty
President

克拉克大学毕业证

葛德石《中国的地理基础》书影（1934 年）

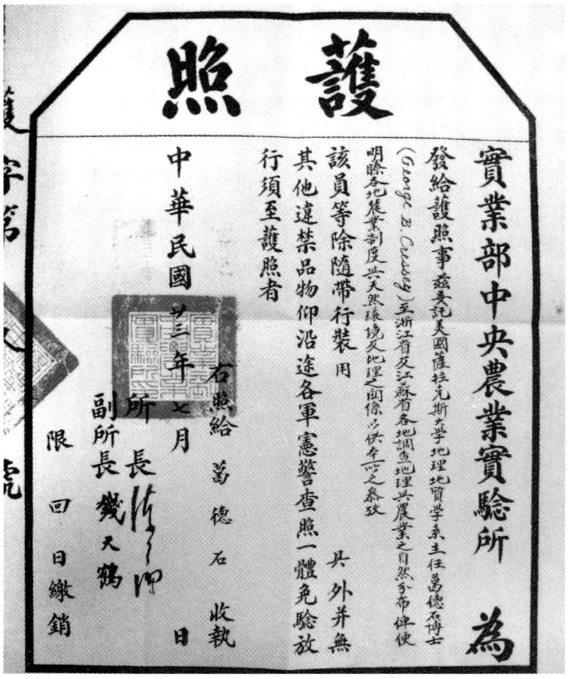
護照

實業部中央農業實驗所 為

發給護照事茲委託美國薩拉克斯大學地理地質学系主任葛德石博士

(George B. Cressey)至浙江省及江蘇省各地調查地理與農業之自然分布俾使

明瞭各地農業制度與天然環境及地理之關係以供本所之參攷

該員等除隨帶行裝用具外并無

其他違禁品物仰沿途各軍憲警查照一體免驗放

行須至護照者

右照給 葛德石 收執

中華民國廿三年七月 日

所長

副所長 錢天鶴

限 回日繳銷

1934 年实业部颁发的考察护照

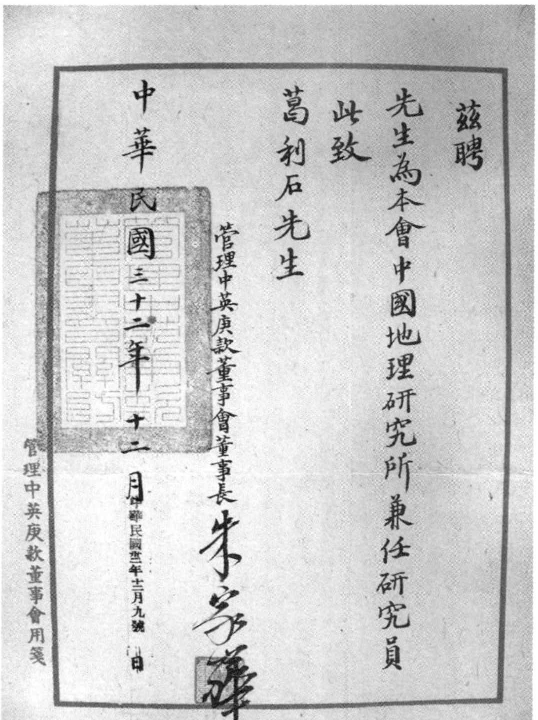
茲聘

先生為本會中國地理研究所兼任研究員

此致

葛利石先生

管理中英庚款董事會董事長 朱家驊

中華民國三十二年十二月

中華民國卅二年十二月九號 日

管理中英庚款董事會用箋

中国地理研究所给葛德石的聘书

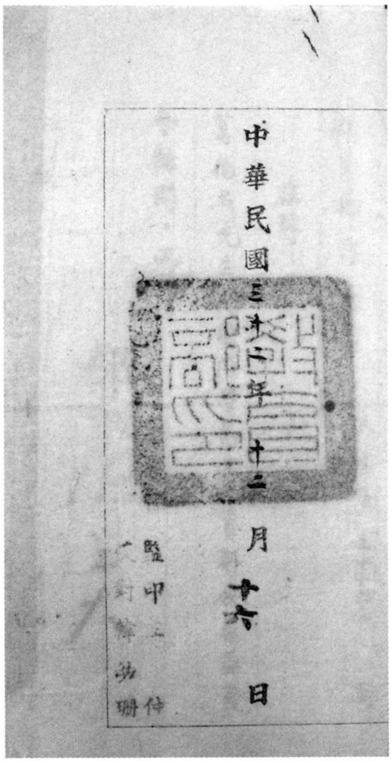
中華民國三十二年十二月十六日

教育部聘书

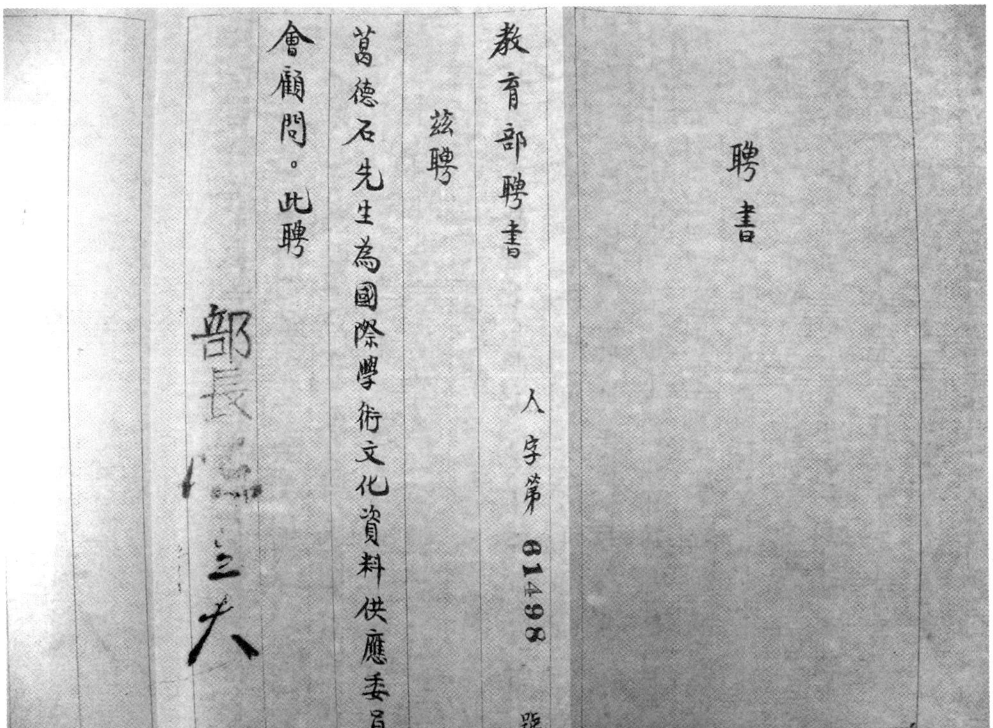
聘書

教育部聘書　人字第61498號

茲聘

葛德石先生為國際學術文化資料供應委員會顧問。此聘

部長

教育部聘书

1944 年葛德石在中国

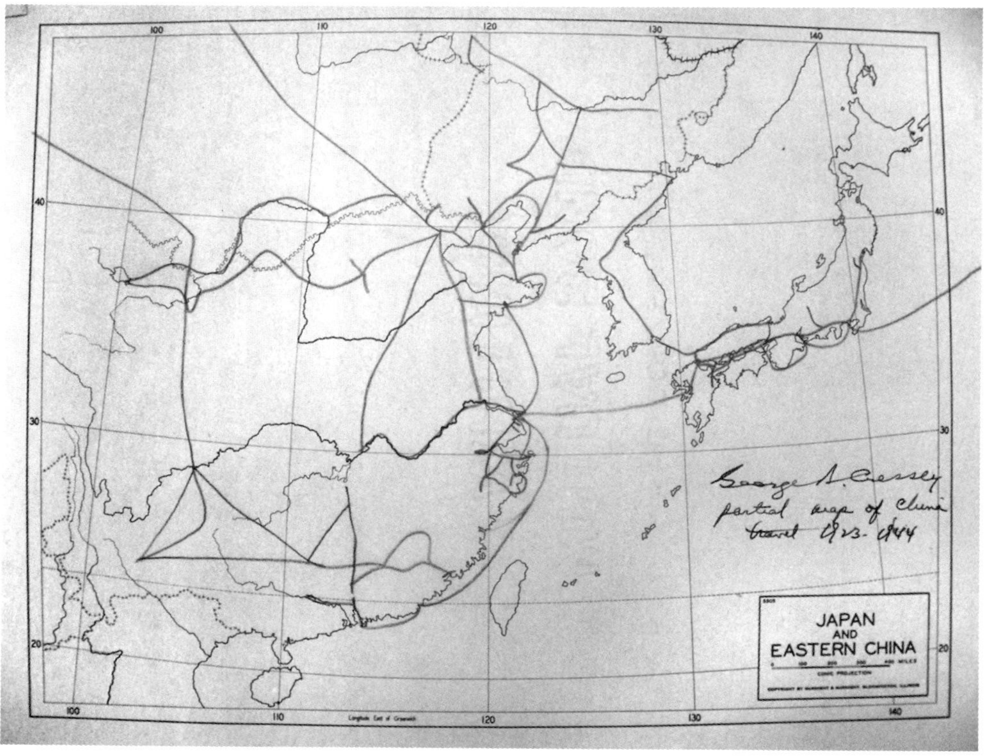

葛德石中国游历路线示意图

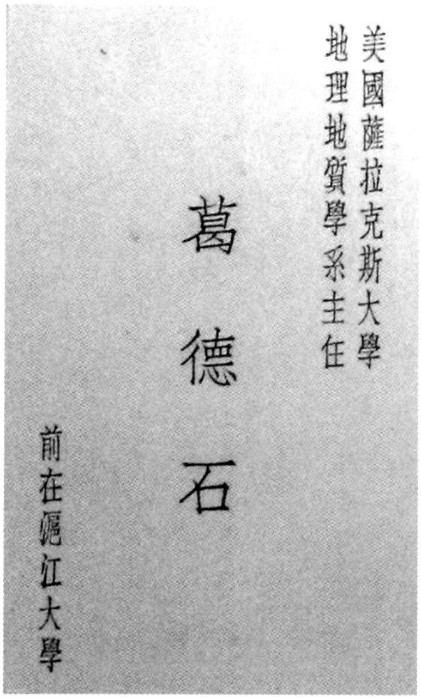

葛德石中文名片

葛德石国际地理联合会主席证

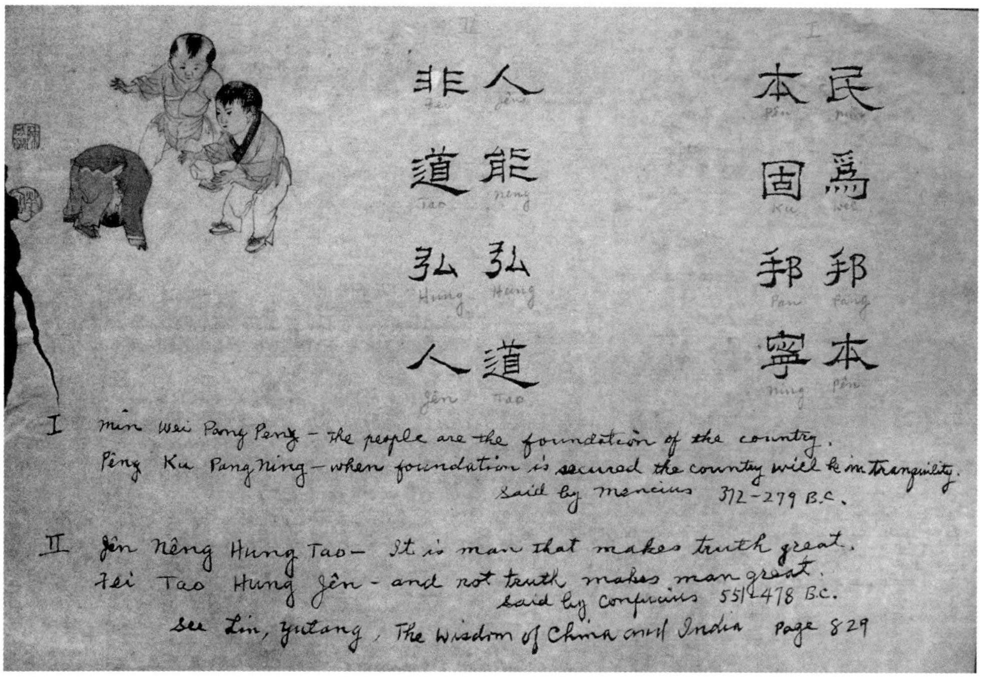

胡适为葛德石题字

葛德石墓碑

葛德石美国家中的门廊

目 录

前 言

1952 年 4 月 25 日，《人民日报》点名批评一位叫葛德石的人，指出葛德石是美国的文化特务。“虽然他写了《亚洲之地与人》、《中国的地理基础》和《苏联国力的基础》等书，但并不是为了研究什么学术，而是为了替美国金融寡头搜集情报，散布帝国主义的侵略思想。”[1] 时隔六年，1958 年中国地理学的最高学术期刊《地理学报》再次发表一篇题为《葛德石反动地理学思想批判》的文章。这篇长达十五页的论文试图从地理专业角度揭露葛德石的反动性。[2] 这从一个侧面也反映这位名为葛德石的人在中国影响之大，中国地理学界中“葛氏之毒”之深。葛德石何许人也？

美国纽约上州有一座名为雪城（Syracuse）的城市，它是纽约州中部的交通枢纽，两条高速公路在此交汇，伊利运河和铁路穿城而过。雪城北依安大略湖和奥农加多湖，因为大湖效应，冬季常常大雪纷飞，年均降雪量可达三百厘米，是美国降雪量最大的城市之一，因此被称为雪城。雪城不大，但因湖光山色，春秋间风景分外明秀。城市东南部上坐落着一所创建于 1870 年的私立大学，即雪城大学。在校园东南大约半英里的小山上有一栋白色的美国别墅，从侧面看这栋别墅并无特别之处，是一座典型的美国民居。但是从正面看，别墅的大门则装饰有两根红色圆柱和一个彩色的塔式门檐，再加上窗子旁的两个嵌入式的石雕，看似中国味道十足。不错，这正是一座仿照北京古塔而建造的别墅，庭院中还植有一棵中国水杉。这种被誉为活化石的树木是 1945 年在中国被发现的。由于珍稀，当时全美的移栽数量有限，这也可见别墅主人与中国的渊源。这栋中美合璧的庭院体现了主人的情趣和追求。不过，它也常被不识趣的路人误认为中国餐馆而驻足叩门，惊扰了主人的不少清梦。它的主人就是被批判的葛德石。

1963 年 10 月 21 日，葛德石在这栋别墅中辞世。全美各大报纸次日都标注地理学家去世，而中国却无人也无心知晓。直到葛德石辞世四十年后，他才在中国被重新提及与

1 孙敬之：《肃清地理学中的崇美思想》，《人民日报》1952 年 4 月 25 日第 3 版。

2 徐兆奎：《葛德石反动地理学思想批判》，《地理学报》1958 年 2 月第 24 卷第 1 期，第 103–117 页。

评价。“在20世纪前后约60年间，美、欧、日等资本主义国家派出的一些近代地理学的创建者来华考察。虽然动机不一，但也撰述了一些水平较高的地质地理学著作，促进了近代地理学在中国的产生和发展。其中20年代在上海沪江大学执教的葛德石所著《中国的地理基础》一书，在国际上有广泛影响。”[1]

中国近代地理学的正式确立通常以1909年张相文等在天津成立中国地学会为标志。中国近代地理学自诞生之际，就深受西方地理学的影响。从西方学者来华考察、讲学到中国学生赴欧美学习地理。西方学者在中国地理学上留下了不可磨灭的印记，美国地理学家葛德石(George Babcock Cressey)即为此类学者。葛德石1896年生于美国俄亥俄州，因研究中国地理而声名鹊起。葛德石1931年起担任美国雪城大学（Syracuse University）地质与地理系主任；1949年至1952年间出任国际地理联合会（IGU）主席；1959年至1960年，又继费正清（John Fairbank）之后担任美国亚洲研究协会主席。

葛德石一生与中国渊源甚深，他在中国近代地理学的教育、考察研究以及国际化等方面都作出很大的贡献，其代表作之一的《中国的地理基础》更是直到20世纪80年代仍为西方有关中国地理的唯一大学教材。因此，在中国近代地理学史上和汉学史上，葛德石都是一个不能被忘记和无视的人物。本书主要依据美国雪城大学所藏葛德石档案，辅以海内外所藏相关档案资料，希冀重新发现葛德石，展现中国近代地理学的知识生产与国际学术网络。

1　吴传钧主编：《20世纪中国学术大典·地理学》，福州：福建教育出版社，2002年，第139页。

第一章 前往中国

第一节 葛德石的家世

1896 年 12 月 15 日，葛德石生于美国俄亥俄州北部小城蒂芬（Tiffin），后成长于俄亥俄州中部的哥伦布市地区。葛氏家族在当地颇有影响，并拥有着深厚的浸会传统。美国浸会起源于英国的浸礼宗，它随清教徒移民进入美国。浸会主张每个世人都可通过《圣经》与上帝直接沟通，无需通过诸如教廷或僧侣的中介。《圣经》是基督徒信仰和实践的唯一标准，因此浸会具有浓厚的世俗性和个人自由主义。它契合了美国早期资本主义的发展，体现美利坚民族意识，因而迅速发展壮大。至 19 世纪，浸会信徒已散布美国各处，几乎没有一座高山或低谷没有他们。[1] 起初，浸会由于信徒拓荒者的背景，具有明显轻视人文教育的倾向。但随着势力与影响的日益壮大，浸会为了适应形势需要，开始重视高等教育。1764 年，它创办了美国常春藤盟校之一的布朗大学（Brown University），这是浸会的第一所大学。1892 年，浸会又由石油大王洛克菲勒捐资六十万美元，将芝加哥的浸会神学院改造为芝加哥大学。在校长威廉 · 哈珀（William R. Harper，1856-1906）的主持下，芝加哥大学广泛罗致一流的教授，以此吸引各地学生，迅速跻身美国名校之列。

葛德石的祖父是弗雷德里克 · 葛德石上尉（Frederick Jonathan Cressey，1840-1928）。上尉的父亲是浸会牧师，母亲则是丹尼森大学第二任校长乔纳森（Jonathan Going）的千金。丹尼森大学（Denison University）也是一所由浸会在 1831 年创办的私立大学，它坐落在俄亥俄州首府哥伦布市以东大约五十千米的格兰维尔村（Granville）。1861 年，美国南北战争爆发，正在丹尼森大学读书的弗雷德里克投笔从戎，首批报名参军，为废除奴隶制度而战。1865 年临近战争结束之际，他才返回家乡，结婚生子。弗雷

1 V H. Rabe, *The Home Base of American China Missions*, 1880-1920, p.96

德里克上尉一生有两次婚姻，共育有一子二女。[1]

葛德石的父亲弗兰克·葛德石（Frank Graves Cressey，1866—1956）则是弗雷德里克上尉与前妻之子。弗兰克1866年8月15日出生于爱荷华州，1891年从布朗大学毕业后，在丹尼森大学教授拉丁文和数学。在这里，他认识了另一位拉丁文讲师米妮·巴布科克（Minnie Frances Babcock，1861—1939）。米妮自1893年芝加哥大学毕业后，即在丹尼森大学做拉丁文教师，两人于1895年9月23日结婚。婚后，弗兰克继承家庭宗教传统成为浸礼会的一位牧师。弗兰克夫妇一生共育有二子，葛德石为大，生于1896年，其弟保罗生于1899年。作为知识精英，弗兰克夫妇为葛德石兄弟的成长创造了良好环境，葛德石继承父母求知精神和宗教虔诚，但同时也遗传了他们的近视，小小年纪就戴上眼镜。

第二节 美国地质学博士

1. 丹尼森大学地质系

葛氏家族从葛德石的祖父弗雷德里克上尉开始便与丹尼森大学结下渊源，而父母又都曾在丹尼森大学执教，再加上浸会的宗教联系，这都为葛德石到丹尼森大学深造创造了有利的条件。1915年8月，葛德石进入丹尼森大学，主修地质学。在丹尼森大学期间，葛德石的成绩并不出众。例如大学第一学期的五门课中，他只有历史课的成绩为良，英语、数学与地理均是一般，化学则不及格。不过，作为专业的地质学课程，葛德石四年期间基本上都达到良以上。[2]

葛德石喜欢学以致用，专注和执著自己感兴趣的事情，但是葛德石的大学生活远不止专业课程学习。在课余之际，葛德石还有两大爱好：第一是辩论。葛德石口才出众，他完整地选修了四年的辩术课，并加入一个辩论社（Calliope Literary Society），而且还曾作为第一辩手参加辩论赛获奖。二是运动。葛德石喜欢活动，大学二年级的时候，葛德石还曾因运动摔伤锁骨。[3]总之，辩论使葛德石学会思考，并清晰表达自己的思想，而运动又增强他的体质和野外活动能力。这两大爱好都为葛德石日后成为一名地理学家奠定了良好的基础。

在丹尼森大学期间，葛德石还参与筹建了American Commons Club，这是起源于

---

1 Feb., 1928, Denison Alumni Bulletin, George Babcock Cressey Papers, Box 9204, Folder Cressey Correspondence, Syracuse University Archives（以下均简称SUA）

2 Cressey's Transcript, 1915—1919, Denison University, George B. Cressey Papers, Box14959, Folder4, SUA

3 The Newark Daily 10/25/1916, page 5

丹尼森大学的一个美国大学社团，现在已经扩展至全美数十所大学。葛德石也曾参加学生军队训练课程，并准备参军，但终因眼睛近视问题而未能成行。1919 年 5 月，在修满一百二十四个学分之后，葛德石顺利从丹尼森大学地质系毕业，获得理学学士。1948 年，功成名就的葛德石又被丹尼森大学授予荣誉博士。

1919 年秋季，毕业之后的葛德石在纽约州的沃尔沃斯高中做自然科学老师。此时，他对地质学兴趣日深，计划继续深造，于是申请进入与葛氏家族渊源深厚的另一所大学——芝加哥大学。芝加哥大学的前身也是由美国浸会建立的神学院，葛德石的父亲弗兰克身为浸会牧师，很早便与芝加哥大学创始人威廉 · 哈珀来往，弗兰克本人也在 1904 年以《教堂与青年》的论文，从芝加哥大学神学院获得神学博士。[1] 而葛德石的母亲为芝加哥大学培养出来的首批女研究生。1920 年秋，葛德石结束了一年的高中教师生活，进入芝加哥大学地质系，师从著名地质学家罗林 · 索尔兹伯里（Rollin D. Salisbury, 1858—1922）攻读博士。

2. 芝加哥大学地质系

罗林 · 索尔兹伯里出身于威斯康星州的一个农家，1892 年被聘任为芝加哥大学地质学教授，1899 年开始担任理科研究生院院长直至去世。1903 年，罗林组建著名的芝加哥大学地理系，并亲自担任系主任直至 1918 年。在此期间，罗林延聘名师如地理学家巴罗斯（Harlan H. Barrows, 1877—1960）、辛普尔（Ellen C. Semple,1863—1932）以及新秀琼斯（Wellington D. Jones,1886—1957）等，皆一时之选，短短数年就将芝加哥大学打造成为美国地理学的中心之一。罗林本人的主要研究在地质学方面，其著有《地质学》（1904—1906）和《地文学》（1907）等；在地理学方面，罗林认为通过观察不同种族和社区的生活与其环境之间的关系，地理学可以提供理解人类目前的限制和未来可能的科学基础。他的《地理纲要》（1912）作为大学教材曾风靡一时。罗林这种纵横于地质与地理之间的学术趣味，也塑造了葛德石后来的学术追求。

除了作为一名杰出的地学家之外，罗林还是一名出色的教育家。他为人谦逊，循循善诱，但从不降低学术标准。严师出高徒，罗林一身执掌芝加哥大学地质与地理两系数十年，桃李遍布美国地学界。仅在地理方面，他就有十个学生出任过美国地理学会会长，五个学生曾任副会长。其中，加州大学伯克利学派代表人物卡尔 · 索尔（Carl O.Sauer, 1889—1975）和克拉克大学地理系创始人华莱士 · 阿特伍德（Wallace W. Atwood, 1872—1949）均为罗林的高足。[2] 在教育方式方面，罗林对葛德石也是影响甚巨，其正如

1 Alumni directory, *The University of Chicago*, 1919, p.78

2 Stephen S. Visher, "Rollin D. Salisbury and Geography," *Annals of the Association of American Geographers*, Vol. 43, No. 1(Mar., 1953), pp.4—11

葛德石的同事詹姆斯所观察："在地理学上，仅仅有对人与地相互关系的理解是不够的，他必须表达出这种理解。葛德石在此方面具有极其罕见的精力和热情来激发学生学习的兴趣。在许多方面，他都是一个聪明的演讲者。他最擅长小型的讨论会，提出深刻问题和精到的评论带给学生最佳结果，这明显地体现了罗林的影响，即不满于平庸，坚持学术的最高标准。"[1] 如果说在丹尼森大学期间，葛德石形成了自己良好的思辨能力和工作习惯，那么从芝加哥大学罗林那里，他学到了一种职业的正直与奉献，从而完成从学生到学者的转变。

葛德石在芝加哥大学主要选修有地理地质学、矿物学、构造与动力地质学、地质调查、大陆进化论以及人类学等专业课，其成绩均在良以上。[2]1921 年 6 月，葛德石获得芝加哥大学地质学硕士，其论文为《印第安纳州西北部的沙丘研究》。同年 12 月，罗林为葛德石的文章做了一定的修改并建议配置清晰的地图，随后发表在罗林主编的《地质学报》(Journal of Geology)。[3] 与此同时，罗林表示关于密歇根湖南岸的沙丘问题还有很大的研究空间，需更多的工作，特别是绘制密歇根湖区的地形图。因此，他建议葛德石将此项研究继续扩展为博士论文，虽然选题稍微偏离葛德石原来的构造地质学方向。[4]

1921 年芝加哥大学硕士毕业后，葛德石成功申请到一个奖学金的资助，进而得以在耶鲁大学学习一年。在耶鲁大学，葛德士选修了地质系的高级结晶学、经济地质学、石油地质学、构造地质以及岩石学等课程。同时，他还选修地理系亨廷顿教授的气候学。[5] 艾尔沃斯 · 亨廷顿（Ellsworth Huntington，1876–1947），美国耶鲁大学地理系教授，主张气候决定论，并提出人类生态学 (Human ecology)。他认为只有承认人是一种生物，服从于动植物的同一生物规律，然后才能对地理有真实的理解。亨廷顿本人曾在 1905 至 1906 年间到中亚新疆考察，著有《亚洲的脉动》、《气候与文明》以及《人生地理学原理》等，在 20 世纪前半期的地理学界甚有影响。[6]

亨廷顿自己的学术历程也是由地质学转向地理学。在耶鲁大学期间，亨廷顿进一步把葛德石引向地理学。在亨廷顿指导下，葛德石研究降水分别在巴基斯坦与加州两地与红杉的关系。他的优异表现给亨廷顿留下深刻印象。1923 年葛德石取道西伯利亚前往中国时，曾在中亚及俄罗斯考察的亨廷顿为其开具介绍信一封，并嘱托在路上尽可能参观

---

1 Preston E. James, "Obituary: George Babcock Cressey, 1896–1963," *Geographical Review*, Vol. 54, No. 2 (Apr., 1964), pp. 254–257

2 Cressey's Transcript, June,1921, University of Chicago, George B. Cressey Papers, Box14959, Folder4, SUA

3 George B. Cressey, "Notes on the Sand Dunes of Northwestern Indiana," *Journal of Geology*, Vol.30, No.3 (1922), pp.248–251

4 Rollin to Cressey, Dec. 8, and Dec. 17, 1921, George Babcock Cressey Papers, Box 9204, Folder Cressey Correspondence, SUA

5 Cressey's Transcript, June 1922, Yale University, George B. Cressey Papers, Box14959, Folder4, SUA

6 S. S. Visher, "Memoir to Ellsworth Huntington, 1876–1947," *Annals of the Association of American Geographers*, Vol. 38, No. 1 (Mar., 1948), pp. 38–50

不同的国家，以便深刻认识地理与地质的关系。[1]在中国期间，葛德石仍不时向亨廷顿请教。例如1927年，亨廷顿给葛德石关于东亚冰期气候的文章提供了详细的建议，而葛德石也将自己在中国考察的照片寄给亨廷顿。[2]亨廷顿对葛德石的地理思想影响巨大，他在后来的书中多次引用亨廷顿的观点，这种亦师亦友的关系保持了终生。1938年，亨廷顿还推荐葛德石去加州克莱蒙特学院教授地理。[3]

1922年夏天，葛德石结束在耶鲁大学一年的学习。为了准备博士论文，葛德石随后作为助理地质学家，参加了印弟安纳州地质调查会组织的密歇根湖地区的湖泊沉积调查，并为两百英里的旧湖盆线绘制了地图。不幸的是，罗林因病在8月间突然辞世，葛德石痛失良师，只好改换导师。1923年5月，葛德石在硕士论文及野外调查的基础上完成《印第安纳沙丘与密歇根湖盆线》的论文，获得芝加哥大学地质学博士学位，其论文随后也由芝加哥大学出版社在1928年出版。

第三节 中国的传教士

19世纪末，美国基督教的传教理念开始转变，认为让福音传遍世界并不是让每个人都成为基督徒，而是让每个人都能听到福音。基督福音不但要体现在个人的生活中做到这点，而且要体现在人类所有的关系中，包括实业的、社会的、国家和种族的关系。在此影响下，1886年，一百名立志到海外传教的青年发表普林斯顿宣言，成立以高校青年学生为基础的学生志愿海外传教运动，此后不断壮大。这些受过高等教育的学生志愿传教人员可以通过个人福音行为达到社会福音的效果，用西方的价值观念和社会结构改造亚非地区的文明传统，这是美国基督传教活动从国内扩展到国外的重要一步。

1886–1918年间，学生志愿海外传教运动派往国外的传教士就达八千一百四十人之多，其中三分之一前往中国。这些学生传教士改变了以往单纯的圣经布道、建立教堂，让中国人皈依基督教的传统方法，而是到教会创建的教育以及医疗机构里从事让福音传遍世界的工作，去迎接基督教会唤醒中国青年的挑战。在地方的工作使他们更加了解中国的时代脉搏，而学校等又为他们研究中国问题提供了良好的氛围。返回美国后，这些学生传教士大多得以进入大学或研究机构，继续中国研究，终成大师，例如赖德烈

1 Huntington's Recommendation Letter for Cressey, May 15,1923, George B. Cressey Papers, Box14959, Folder 3, SUA

2 Huntington to Cressey, June 27, 1928, Ellsworth Huntington Papers (MS 1). [Box 59, Folder 2075], Manuscripts and Arhive, Yale University Library

3 Huntington to Cressey, Sept. 29, 1938, George B. Cressey Papers, Box14969, Folder 15, SUA

(Kenneth Latourette)、卜凯（John L. Buck）和葛德石等。[1]

葛德石身为牧师之子，早在出生之前，父母就曾祈祷如果是上帝意志派遣他去国外传教，他们义不容辞。葛德石从小对基督教耳濡目染，长大后积极参与其中。在奉献中，葛德石发现许多乐趣，基督生活变得真实，他成为了一位虔诚的基督徒。但葛德石的皈依更多地是基于宗教的服务与奉献精神。在中学时期，葛德石加入基督教青年会(Y.M.C.A)。那时去非洲传教的呼声日益高涨。葛德石曾被一个将生命奉献给非洲的加州传教士深深感动，那位传教士在临死前曾说："当我们从荣耀之地回望时，我们希望是为自己而活，还是为他人而活？"在此感召下，葛德石曾经一度向往到非洲播散福音，这个愿望一直坚持到大学时期。然而，在大学将近毕业时候，葛德石开始对中国感兴趣，当然这种转变不是偶然的。

葛德石对中国的兴趣是和其表哥葛德基分不开的。葛德基（Earl H. Cressey, 1883–1979)，1910年毕业于罗切斯特神学院，同年被浸礼会海外差会（American Board of Foreign Missions）派往汉阳，在华洋义赈会华中地区工作。1916年定居杭州，1925年起为中华基督教教育会干事（Council of Christian Colleges in China)，直至1946年才最终离开中国。葛德基一生在中国三十余年，专注中国的基督教会大学教育，与胡适、顾毓秀等名宿均有来往，在民国的教育界赫赫有名。

在大学期间，葛德石通过葛德基了解到许多有关中国的信息，他前往中国的愿望也越发强烈。在芝加哥大学读书期间，葛德石就在其社会学课程上，写了一篇关于教育在中国传教士事业中地位的期末论文，他追溯了基督教教育在中国的历史，指出高等教育在中国传教士事业的独特作用，即高等教育能使人们更深刻理解上帝，同时能潜移默化地传播基督教义，而不引起人们的反感。葛德石主张传教与科学技术结合，而非单纯的精神福音。[2]

1920年，葛德士致信表哥葛德基表达要去中国的意愿。在中国举目无亲而又无子的葛德基非常希望葛德石兄弟都能来中国。葛德基告知浸会在中国的传教事业蒸蒸日上，由浸会创办的沪江大学有一个非常适合的地质学教职，机不可失，最好在硕士毕业后即来，并将葛德石介绍给沪江大学校长魏馥兰。[3]

美国浸会传教士在鸦片战争之后，开始进驻中国通商口岸传教。1845年，浸会由于国内废奴问题发生矛盾，分裂成为美南浸信会和美北浸礼会。相应地，浸会在中国的活动区域也被重新分配，宁波地区属于北浸会，广州地区属于南浸会。起初，南北浸会都

---

1 赵晓阳：《美国学生海外传教运动与中华基督教学生立志传道团》，《宗教学研究》2008年第3期，第210–215页。

2 George B. Cressey, The place of education in the missionary program for China, A term paper, Presented in connection with the course in Sociology 53,Dec.21, 1920 George B. Cressey Papers, Box14965, Folder 24, SUA

3 Earl Cressey to George Cressey, Dec. 13, 1920, George B. Cressey Papers, Box14974, Folder 4, SUA

只重视传播基督福音，而非传播西方的科学知识。它的教育政策可以概括为“学堂必须跟着教堂走”。[1] 直到 19 世纪末，南北浸会开始改变教育策略，投身高等教育。1905 年，南北浸会自从分裂后首次携手合作，决定成立沪江大学。沪江大学（Shanghai College）是 1906 年由美国南浸信会和北浸礼会在上海联合创办的教会大学，是民国时期中国十三所基督教会大学之一。在 1911 年至 1928 年间，来自北浸礼会的传教士魏馥兰担任沪江大学校长。

魏馥兰（Francis John White，1870–1959），1891 年被北浸礼会派遣来华，1901 至 1904 在宁波开办浸会中学，1904–1906 年住持绍兴神学院。魏馥兰 1906 年参与创建沪江大学，并于 1911 年始担任校长十七年，为沪江大学历史上任期最长的校长。在他任内，校园建筑由 3 栋变为 18 栋，教员由 15 名扩大至 80 名，注册学生由 104 人增加到 903 人，而学校财政由 16585 美元增长至 300573 美元。魏馥兰将黄浦江畔的一片荒地建设成为绿茵遍地，风景幽雅的现代大学校园，奠定沪江大学的格局。在动荡的 20 世纪 20 年代，魏馥兰必须面对公众和中国学生。同时，还得周旋于立场各异的浸礼会、浸信会和中国人之间。魏馥兰长袖善舞，求同存异。他深谙中文，喜爱唐诗，坚持学校的中国化。1929 年第一任华人校长刘湛恩任职后，他又默默地在宗教系任教六年。[2] 魏馥兰的人格与贡献赢得了沪江大学师生的一致尊重。早在 1916 年，徐志摩在沪江大学求学时，适值魏馥兰回美休假，诗人就在沪江大学的校刊《天籁》上发表《送魏校长归国序》向魏馥兰致敬。1936 年，魏馥兰退休返回美国。为了表彰其贡献，沪江大学董事会授予他终身名誉校长，并把即将落成的学校礼堂命名为“思魏堂”。

1921 年春，在葛德基的引荐下，葛德石在芝加哥见到返美述职的魏馥兰，商谈去沪江大学任教之事。魏馥兰告知沪江大学计划成立地质地理系，需要地学老师，现在只待董事会批准。葛德石表示地质与地理两者联系密切。他的主要学术兴趣就在于地质与地理学两者之间相互关系，而非单纯数据。虽然他专业是地质学，但也选修了许多地理课程。下学期计划去耶鲁大学，跟随亨廷顿教授从事一些地理研究，不过，地质学本身就如此博大，三年掌握一个分支都困难，所以他决定先拿到芝加哥大学博士学位之后再去中国，而且他有芝加哥大学的奖学金，博士学位只有一步之遥。[3]

在继续学业的同时，葛德石开始为海外传教作准备。1922 年初，葛德石申请加入美北浸礼会海外差会中国分会。在申请材料中，葛德石叙述了自己与基督教的渊源和宗教历程，指出在大学以前，他的宗教观点是传统而保守的，认为福音是基督教的唯一功能，

---

1 *The Baptist Missionary Magazine*, Vol.59, No.8, (Aug.1879), pp.294–295

2 Jonh Burder Hipps, History of the University of Shanghai, *Board of Founders of the University of Shanghai*, 1964, pp.73–76

3 Cressey to White, Dec. 4, 1921, George B. Cressey Papers, Box14974, Folder 1, SUA

反对一切吸收了现代思想的宗教观念。大学毕业之后，他基于事实和逻辑，改变了自己的观点，成为进步派。葛德石认为上海沪江大学地质地理系在传播基督教价值和影响方面有独特的作用，因为地质与地理学能够通过发掘自然资源来塑造中国。在这一点上，真正的科学与宗教没有冲突，所以申请前往中国通过教育传播基督福音。[1] 葛德石的浸会家庭背景和专业素养保证了葛德石的申请成功。1923 年 3 月，葛德石被美北浸礼会海外差会任命为耶稣福音会华东差会的一名传教士。6 月，葛德石获得博士学位之后，即被派往上海沪江大学任教。

第四节 前往中国

在确定前往中国之后，葛德石开始着手安排行程。他计划从芝加哥取道伦敦至缅甸仰光，然后从仰光至云南，前往上海。那些长驻中国的传教士成为葛德石询问的对象。一位回美度假的四川巴塘传教士告知通过缅甸进入中国是可行的。具体行程是：从芝加哥乘船至伦敦八天，伦敦乘船至仰光二十五天，从仰光乘坐火车至曼德勒，接着沿着伊洛瓦底江乘船至八莫，需要五天，然后，从八莫骑马经过腾越至大理需要十六天。从大理至上海有几条路线，最安全的是从大理至昆明（骑马）十三天，从昆明至海防（火车）三天，从海防至香港（轮船）三天，从香港至上海（轮船）四天；其次安全的是骑马从大理至叙府（今宜宾）；最危险的是骑马从大理至乐山，这条路线除非置生死于度外，否则不要尝试。在四川可以顺长江而下，如果一路顺利，总行程大约需要四到五个月。[2]

云南基督青年会则详细列出了困难以及解决方案。云南基督青年会干事威尔逊(Wilson Wattine)1917 年毕业于芝加哥大学神学院，与葛德石是校友。也许是这层关系，他接到询问信件之后没有草率回复，而是与美国驻昆明领事馆开了一个会议，讨论这条路线的可行性。之后，他为葛德石具体分析了此线路的各个方面：首先取道缅甸至云南，需要略通英语的中国佣人或厨师相随，最好有一个中国翻译，如果没有，则是非常不安全与不明智的；其次，如果夏季来，将遭遇从 5 月持续到 10 月的雨季。雨季穿越泥泞的大山异常困难，需要一些特别的准备；再次，此趟行程非常昂贵，最便宜的方式是在缅甸或者大理买马代步，然后在昆明卖掉，因为雇佣一匹马需要 30 美金，坐轿的价格则要翻倍;再次，选择此路线有很大的风险。目前任何外国人如果没有护卫均不准离开昆明城，即使是打猎或郊游。云南省内土匪横行，政府几乎无力应对，中国政府和美国领事馆都

---

1 The Application of Cressey, Jan. 30, 1922, George B. Cressey Papers, Box9204, Folder Cressey Correspondence, SUA

2 A missionary in Batang to Cressey, Jan. 30, 1923, George B. Cressey Papers, Box14974, Folder 2, SUA

不能保证旅行的安全。最后，从昆明至长江是不可能的，因为此路土匪遍布，而且内战正酣。不过可以从昆明取道海防，再转至上海，大约需要150美金。[1]

鉴于缅甸云南这一路线，不仅山高路远，强盗横行，而且适值雨季，行程艰难，费用昂贵，因此经过慎重权衡，葛德石只得放弃此线路，改为取道亚欧大陆前往中国。1923年6月，葛德石乘船至欧洲，在苏联驻德国大使馆办理签证，并在欧洲周游一个月后，乘坐火车穿越苏联的西伯利亚。而此时的苏联，革命硝烟尚未散尽，国内秩序的零乱仍昭昭在人耳目。莫斯科的许多建筑物，尚满目创痕，列宁格勒的圆石街道也还没有修好，人民生活于极端艰苦之下。在葛德石进入苏联的前夜，曾被人警告不要离开火车，不要跑出旅馆。至于西伯利亚，更是一片荒凉。[2]对葛德石而言，虽然苏联的景观看似陈旧，但是风景如画，壮丽的教堂，大规模的在建公共设施，一切都给人以欣欣向荣之感，这次经行之旅为葛德石将来研究苏联埋下伏笔。

在漆黑的凌晨一点，葛德石在贝加尔湖东部小城乌兰乌德下车，然后乘坐木船顺着色楞格河南下，三天之后抵达恰克图。在恰克图，葛德石花费八十个卢布雇佣一辆三驾马车，又走了四天至库伦（今乌兰巴托）。他在蒙古的首个夜晚是在一间草棚中，和睡在三张长凳上的十二个蒙古人一起度过的。然后，葛德石穿越蒙古戈壁和沙漠至张家口，再至北京，10月抵达上海。不通俄语和蒙古语的葛德石，仅仅依靠身体语言、英语和一点德语，完成了此次欧亚大陆的穿越之旅，安全抵达中国。1924年葛德石发表了他在中国的第一篇文章——《从侧门进入中国》，详细描述了他此次穿越欧亚大陆前来中国的经历。[3]

在葛德石抵达中国之时，葛德石的弟弟保罗·葛德石（Paul Frederick Cressey，1899–1969）已经在中国汕头教了两年英语。保罗1921年于丹尼森大学历史系毕业后，加入浸礼会海外差会，被派往汕头做英语教师。1924年他返回美国，在耶鲁大学学习社会学和中国历史一年。1925年进入如日中天的芝加哥大学社会学系，1930年获得博学位士。1932年，保罗开始执教麻省的威顿学院（Wheaton College）社会学系，直至1965年退休。他主要研究社会解组论、城市及亚洲。作为美国社会学界的亚洲研究专家，保罗时常发表有关中国社会学著作的书评。例如1945年，他在《亚洲研究》上评论杨懋春新著《一个中国村庄：山东台头》；1948年又为许烺光的《祖荫下》和林耀华的《金翼》等作书评。[4]

葛德石兄弟有着非常相似的人生轨迹，两人均为丹尼森大学毕业，先后在耶鲁大学

---

1 Y. M. C. A in Yunnan to Cressey, Mar. 1, 1923, George B. Cressey Papers, Box14974, Folder 4, SUA

2 葛德石著，王勤堉译：《苏联国力的基础》，上海：开明书店，1947年，著者序。

3 George B. Cressey," Into China through the Side Door," *The Mandarin*, Vol. II, No. 1, (April. 1924), pp.1–5

4 Robert E.L. Faris, "Paul F. Cressey 1899–1969," *The American Sociologist*, Vol.4, No.3 (Aug., 1969), p。259

学习一年，然后在芝加哥大学获得博士学位。他们都受到表哥葛德基的影响前往中国，日后成为亚洲问题专家。在这相似的背后是浸会无处不在的影响。葛德石家族为宗教世家，其高祖和父亲都是浸礼会牧师。他们接受高等教育的丹尼森大学和芝加哥大学均与浸礼会渊源深厚。毕业之后，又都如愿申请加入浸会海外差会前往中国，并在浸会创办的教育机构里工作和研究中国。因此，浸会及其构建的宗教网络为葛德石兄弟提供了结缘中国的机会和平台。

第二章 在中国的地理考察与研究

第一节 华北协和华语学校

1923年10月，葛德石抵达上海沪江大学报到。作为传教士的惯例，他被派往北京的华北协和华语学校学习一年汉语与中国文化。华北协和华语学校（North China Union Language School）是由英国伦敦会传教士瑞思义（W. H. Rees）在1910年建立，主要是为来华的英美传教士提供汉语培训，后来逐渐扩大至外交和商业人员。

华北协和华语学校由浸会、美以美会、美国长老会、英国圣公会、伦敦会、青年会以及中华医学基金会等八家机构组成，其中美国长老会拥有产权。1916年，美国人裴德士（William B. Pettus，1889–1959）开始了执掌华语学校长达三十年的历程。学校先是设在灯市口，后来移至前门大街的怡亲王府。华语学校的师资人员除了中国本土教师还有资深传教士。它主要开设中国语言、历史、文学、宗教以及传教方法等课程，每年大约招收两百人。自1916年至1923年共有一千二百四十二位学生在此学习。[1] 华语学校完整的汉语课程需要三年时间，例如史迪威（Joseph W. Stilwell）作为美国驻华使馆的武官，曾于1920–1923年在该校学习三年。而大多数学生只学习一年，然后各奔前程。

作为语言学校，华北协和华语学校在汉语教学上强调学生的听力，往往起初一两个月主要训练学生听力，然后再是其他。葛德石后来的朋友，著名汉学家韦慕庭（Clarence Martin Wilbur）20世纪30年代曾在这所学校里半工半读过两年。他回忆道："我们用直接法学习汉语。在开始的几个星期，我们听不到一句英语，所有的人坐在一个教室里听老师慢慢地说汉语，他一边说，一边会指着脸上和身体上的器官——鼻子、眼睛、嘴巴、胳膊，或者会介绍人称代词——我、他、他们的用法，或者用动作来演示动词的意思。课后我们有个别辅导，在一个小房间里，一个老师对一个学生，帮助我们复习已经学过

---

1 Grace M. Longhurst, History of the Language School, the Peking Mandarin, 1922–1923 Year Book of the North China Union Language School, Beijing, Commercial Press, 1923, pp.37–42

的东西。这些辅导老师一般年纪较大，而且不会说一句英语。对于我这样此前没有学过口语和汉字的人来说，我从这一说话练习中获益良多。”[1]葛德石也是通过这种方法，经过一年的学习，掌握一定的中文会话能力及阅读能力，开启了他研究中国的第一步。此外，华语学校的学生自1923年还组织出版 The Peking Mandarin 的年刊，刊载学生所写的北京生活及周边地区的游记的文章。1924年葛德石在上面发表了他在中国的第一篇文章——《从侧门进入中国》，描述他穿越欧亚大陆前来中国的经历。

在华北协和华语学校期间，葛德石还收获了爱情。他遇到了同样前来学习汉语的天津浸信会社工玛丽昂·查特菲尔德（Marion Holbrook Chatfield，1899–1975）。玛丽昂来自美国康涅狄格州小镇格兰比（Granby）的一个乡村医生家庭。她1921年毕业于美国麻省著名的和丽山女子学院（Mt. Holyoke College），成为当地一所女子感化所的护士长。不久，她辞职进入哈特福德神学院学习，希望前往中国传播福音，为此她还选修了一门中国历史课程。1923年，毕业后的玛丽昂被美国南浸信会派往中国。在华语学校，因为葛德石与玛丽昂两人的姓氏均以英文字母C开头，所以两人被学校分配共用一个邮箱。玛丽昂是个业余的集邮家，她常常被葛德石来自世界各地邮件上的邮票所深深吸引。因此，每当她取信看到中意邮票的时候，她会常常在邮箱旁静静等待葛德石前来取邮件，然后询问邮票。这种爱好为他们的约会铺平了道路。有情人终成眷属，两人于1925年6月29日在上海举办了一场中西结合的婚礼。新娘穿着标准的美国白色婚纱，被红色的中国轿子抬着走在大街上，前面鞭炮齐鸣。[2]出席婚礼的来宾主要是葛德石在沪江大学的中美同事，此外还有葛德基、赖德烈等。葛德石夫妇一生共育有一子三女，其中，长女(Marjorie，1926)和儿子（Richard，1928）均在上海出生。

第二节 沪江大学地质与地理系

1924年葛德石在掌握了一定汉语之后返回上海，执教沪江大学。20世纪初，旅行者如果乘船从上海进入中国，在城郊外的黄浦江，他会经过一所学校的建筑群，会被告知这是由美国浸会办的沪江大学。[3]沪江大学坐落在上海东郊的杨树浦，西临军工路，东滨黄埔江，交通便利，不染繁华。《沪大一览》将沪江大学描述为：“花木扶疏，自然幽静，兼以歇浦枕流，烟波浩渺，尤足以涤尘襟拓文思，和琴韵，而佐书声，于热闹场得净土，

---

1 Clarence Martin Wilbur, *China in My Life: A Historian's Own History*, Armonk, N.Y.:M.E.Sharpe, 1996, pp.27–28

2 Mrs. George B. Cressey, Post Standard, Jan. 1, 1970, page 8

3 Kenneth S. Latourette, *A history of Chirstian Mission in China*, New York: Macmillan, 1929, p.1

洵唯一读书佳境也。”[1] 葛德石按照计划在沪江大学创建地质地理系，并于1924–1929年间担任助教授兼系主任。

中国地理学的高等教育是在1921年东南大学地学系成立后才正式确立。当时，作为系主任的哈佛大学博士竺可桢就深感系统借鉴西方地理学的必要。1922年竺可桢向东南大学校长郭秉文请求向欧美派遣地理留学生，充实中国地理的教学与研究。“敬启者：窃以我国地理人才缺乏，老成如屠寄、卢彤相继凋谢，张相文、黄郛复联袂入政界，留学生中鲜有专门地理者。实以美国著名大学，除卡拉克（Clark）、芝加哥、哈佛而外不设地理专科，而德法诸国大学中，对于地理一科虽较美为注重，但我国留学者寥寥。故欲得专门人才，非由本校物色毕业生中成绩卓越者，资遣欧美专门地理不可。”[2] 但是由于经费支绌，地理留学终究是纸上谈兵。而且东南大学地学系是地质、气象与地理三科并立，地理屈居末流。在当时中国高等地学教育极其缺少的情况下，千里迢迢而来的葛德石已经在沪江大学系统地讲授地质与地理学。

沪江大学地质与地理系设在理科楼顶楼，有七个房间。葛德石在地质学方面开设有普通地质学、历史地质学、矿物与岩石学、经济地质学和地质学原理等地质课程；地理方面的课程则有人文地理、亚洲地理和中国地理。其中人文地理课程，主要研究地理上的环境与人类生活的关系，如地理之影响于位置、地文、物产和气候等。人文地理课为大一选修课，每周讲授三小时，为时两学期。而中国地理课程，主要研究中国的自然区域及地理对于全国人民及商业的影响，其中包括气候、物产、职业、工业发达与将来发展。中国地理限于大三大四选修，每学年下学期开设，每周三小时。[3]

葛德石继承其导师罗林的风格，是个标准的学者。他治己严谨，早起早眠，不抽烟，不喝酒，日常生活非常有规律。他对学生也是爱之深，责之切，是位出名的严师。葛德石这种风格一生未变。在沪江大学，葛德石每学期都开设四门课，每周十二小时。每年均有百位学生选修地质地理的课程，除了课堂讲授，注重实地考察的葛德石，还多次带领学生在上海及周边地区进行野外考察，收集了许多地质标本与地图。

作为沪江大学地质与地理系唯一的教授，葛德石一身兼数任。1924–1926年间，葛德石大部分时间都用在了系里工作上。在他的苦心经营下，沪江大学地质与地理系不断壮大，成为中国当时为数不多的地学系之一。1926年葛德石在给沪江大学校长魏馥兰的信中写道：“地质地理系在过去的三年中，从无到有，目前已是中国最好地学系之一。……1921年在我回复您信的时候就曾表示我到沪江大学，是因为我有兴趣建设中国最好的地

1　沪江大学编：《沪大一览（1929–1930年）》，上海，1929年，第7页。

2　竺可桢：《致郭秉文函[资遣留学生专习地学》，1922年10月11日，《南大百年实录》（上册），南京：南京大学出版社，2002年，第202页。

3　沪江大学编：《沪大一览（1929–1930年）》，上海，1929年，第135–137页。

学系。”[1]

1928年，沪江大学地质地理系在全国已经拥有一定地位。当时中国的国立大学只有中山大学、清华大学、北平师范大学和中央大学设有地学系。所以葛德石毫不矜持地说：“它是中国为数不多的几个地学系之一。燕京大学是另外一个拥有地学系的教会大学，其余均在北京大学、南京的中央大学等国立大学。即使在国外，一个仅有六百名学生的学院有这么一个系也是少见的。”虽然没有学校的特别拨款，地质地理系还是积累了不少资料。“收集的岩石、矿物、化石等标本总计已经超过五千件。一个规模不大但逐渐成长的博物馆正在利用这些标本向公众展出。中国地图的收集也很完整，同时还有八百多张幻灯片，所有资料及设备的总价值估计已经超过五千美元。”[2]但是，地质与地理系在沪江大学也一直面临着不被足够重视的困境。

同样的问题也困扰着竺可桢主持的东南大学地学系。1926年，系主任竺可桢就曾上书校长蒋维乔痛陈学校对地学系未曾给予足够关注，要求提升地学地位，平衡理科各系。“如足下有意发展地学，则须以为于设备方面，在学校经济可能性之内，予以特别之通融；人才方面，地质矿物已有孙、张二先生，但古生物学尚乏人主持，应于下学期添聘专家。如斯方足以见学校对于理科各系平均发展之诚意，备员执教固亦所愿；若学校必欲夷地学为附庸，桢虽不敏，亦不愿为冯妇矣。”[3]竺可桢最后竟不得不以辞职相胁发展地学系。但是竺可桢是幸运的，他没用辞职。因为东南大学不久改组为国立中央大学，并将地理系独立，聘任胡焕庸、张其昀、黄国璋为教授，终成民国地理学的重镇。[4]

相比之下，葛德石则没有如此运气。沪江大学最有实力与声誉的是生物和化学两科，地质与地理系处于边缘地位。其实早在1923年，沪江大学就确定其理科培养方向为医学预科、理科教育和化工三项。由于地质与地理系在沪江大学是小系，所开设课程均为选修而非必修课，所以选课者寥寥。而系里也只有葛德石一人惨淡经营，经费严重不足。在1928年制定的五年计划中，葛德石再次向沪江大学新任校长刘湛恩提出地质与地理系发展的七项要求，其中包括地质与地理系在学校的地位、师资力量、教学研究、资金设备等方面。[5]然而学校和教会都对地质地理重视不够，始终未予以妥善解决，最终促使葛德石于1929年辞职返回美国。

沪江大学地质与地理系虽然因葛德石回国而解散，只有短短五年的历史，但是仍为近代中国地学培养了一些人才，其中翘首当属涂长望（1906—1962)。涂长望是著名气象

---

1 Cressey to White, Dec. 12, 1926, George B. Cressey Papers, Box14974, Folder 1, SUA

2 Annual Report of Geology & Geography Dept., George B. Cressey Papers, Box14974, Folder 1, SUA

3 竺可桢：《应重视地学系》，南大百年实录编辑组：《南大百年实录》（上册），南京：南京大学出版社，2002年，第207页。

4 胡焕庸等：《关于地理门应独立成系建议书》，南大百年实录编辑组：《南大百年实录》（上卷），南京：南京大学出版社，2002年，第276—277页。

5 Cressey to Liu, Aug. 17, 1928, George B. Cressey Papers, Box14974, Folder 1, SUA

学家，中国近代天气预报的开拓者。他 1926 年转入上海沪江大学，师从葛德石学习地质地理，1929 年在葛德石离开前夕毕业。1932 年，涂长望在葛德石推荐下留学英国，获得伦敦大学气象学硕士学位，后又进入英国利物浦大学师从著名地理学家罗士培（Percy M. Roxby，1880—1947）攻读地理学博士。"葛德石对涂长望的科学道路有重要影响，涂长望选择地学，出国也学地学，不能不说是受到葛德石的影响。"[1] 在后来致葛德石的信中，涂长望均称葛德石是其永远的老师。"您的教诲已经深深印在我的脑海中，将来我可能会忘记您教给我的知识，但是我不能忘记您，从您那里我学会了如何努力工作。"[2] 在沪江大学地质地理系期间，既是葛德石教书育人之时，也为葛德石考察和研究中国地理之期。

第三节 中国地理考察

1935 年，广州勷勤大学的地理学教授盛叙功曾感叹研究地理学难，而研究中国地理更难。其中原因之一就是因为地理学研究客观界的事象，只有求其完备和正确之后，立论才有根据，认识不至错误。可是研究中国地理上的客观事象，所凭借的材料缺少完备正确的条件。在自然地理方面如地形地质土壤气候水系以及动植物的分布；人文地理方面如土地人口物产交通商业以及聚落社会的状况，但是目前对于任何一项，中国的地理学者都不能给以明确完全的认识。[3] 这在一个层面上也说明葛德石进行中国地理考察的必要性。在沪江大学地质与地理系任教期间，葛德石主要学术兴趣是中国及东亚的气候问题，特别是冰期问题以及黄土起源问题。因为 20 世纪 20 年代，国际学术界多认为人类起源中亚地区，所以葛德石起初的研究主要集中在蒙古高原及黄土高原一带。在研究过程中，葛德石深感中国地质与地理资料严重不足，因此，他决定利用每年寒暑假，选取特定区域进行综合考察，收集相关材料。

1. 蒙甘青之行

1924 年夏天，葛德石开始他在中国的第一次正式考察。此次他计划考察人口稀少且鲜为人知的西北地区，最终目的地是甘肃。6 月，葛德石从北京搭乘京汉火车至石家庄，然后转往太原，再从太原前往此次考察的起点汾州。在汾州，葛德石雇佣了两名骡夫和一名车夫，一行人载着行李铺盖，仪器设备以及干粮食品等，同时从沿途乡村购买鸡蛋

1 温克刚主编：《涂长望传》，北京：当代中国出版社，1997 年，第 43 页。
2 Tu to Cressey, Sept., 18, 1929, George B. Cressey Papers, Box14959, Folder 28, SUA
3 盛叙功：《中国人生地理》（上册），上海：中华书局，1936 年，自序。

和蔬菜进行补给。在这次考察中，葛德石没有携带向导，只有骡车夫相随。

葛德石一行从汾州往西，冒着酷暑进入黄土高原的峡谷。可是随身携带的地图标注经常出错，有时他按图索骥找到的大道竟然是一条灰尘漫天的铁路。在汾州和黄河之间，黄土深厚，降水稀少，葛德石发现所有村落都是散布于谷底有水之处，而乡村的主要农作物竟是罂粟，这是当地军阀最主要的收入来源。作为传统产煤之地，山陕北部有许多小煤窑，葛德石为了探明采煤方式，成功说服一群矿工带他下井，他被绳子拴在腰间放入了大约六十英尺深的竖井中。在井底有三个巷道，在一个巷道往里大约两百英尺处的地方，有六个工人正在挖煤。因为巷道高不足三英尺，所以矿工只有躺着用小铲挖煤。而且巷道没有枕木支撑，事故时有发生，这是葛德石平生所见过的最原始采煤方式。

汾州往西行十天，葛德石抵达鄂尔多斯沙漠。鄂尔多斯北部与西部濒临黄河，沙漠内部只有少数的蒙古部落。而汉人的垦殖正从沙漠东面推进，但是干旱气候使农业的可能性非常有限。因为只要有土壤被犁铧翻起的地方，大风就会将其沙化，然后缓慢侵入乡村，埋没树木和农田。在一些地区，长城已经被流沙掩盖。因为不熟悉沙漠中的水源分布，葛德石没有贸然进入沙漠深处，只是沿着沙漠边缘的长城沿线进行一些考察。

在葛德石携带的地图上，在鄂尔多斯沙漠南部清楚标注有一个叫 Borobalgassn 的小镇，一幅最新的德国地图还特意将其命名为 Trummer der Stade。从它放射性的道路网络和大的图标上，葛德石判定这个繁华的小镇将是一个提供补给和研究蒙古生活的理想之地。因此，葛德石开始在沿途打听此镇，但多次问询后却发现无人知晓。葛德石起初以为可能是他蒙古地名的发音不准，导致路人茫然，因此他依照地图标示继续前进。两天之后，他终于抵达地图上标注的小镇所在地。令葛德石迷惑不解的是原地只是一片荒沙，后来多方打听才得知这个小镇早在 13 世纪就已被忽必烈率领的蒙古铁骑摧毁。葛德石顿时感慨关于鄂尔多斯的地理知识是如此陈旧，以致最新地图仍标注这个已经消失六百多年的小镇，这也坚定了葛德石制作中国新图的决心。

葛德石在鄂尔多斯沙漠南部停留了一周。这里人口稀疏，只能偶尔遇见游牧的蒙古人，多数人已经采用汉族式的定居，游牧生活荡然无存。此区大部分是荒沙，只有沙漠边缘有些草和野花，但是地表的贫困与夜空的绚烂形成鲜明对比。即使葛德石选择沿着沙漠边缘行走，穿越沙丘也很费力。6 月的天气非常炎热，沙子的反光令人目眩。无论从哪边看，鄂尔多斯都是滚滚流沙，无草无路，没有任何可以判断方向的参照物。更不幸的是葛德石遭遇了沙暴，狂风咆哮，黄沙漫天，他甚至看不到自己的脚。在遮天蔽日的沙暴中，只有骡子的哀鸣。最糟的是几天后，一头骡子病倒，骡夫们只得返回汾州。从此之后的路程，葛德石只得从一地到另一地不停地雇佣骡马。整个夏天，他共雇佣了十二支不同的骡队或车队。在葛德石的日记中充满了对这些人的评论，但都不是赞美的。

懒惰、胆小与粗鲁是葛德石给予他们的总体评价。最后他甚至引用中国谚语："车夫、船夫、店小二，无错枪毙不为过。"

离开鄂尔多斯西行一周之后，葛德石抵达甘肃北部的海原。海原是一个较大的穆斯林聚居中心。1920年12月，海原发生罕见的八点五级的大地震，造成巨大的滑坡，埋没了许多城镇，中国官方统计死亡大约二十三万四千人，所以，葛德石特意来此考察地震的影响及地质构造变动。虽然地震已过四年，在距离海原还有两天路程的时候，葛德石已经察觉到地震的影响，例如沿途随处可见损坏的农舍和窑洞，但不太剧烈。可是等他抵达海原县城的时候，地震的巨大破坏力还是使其为之一震。城墙已经完全摧毁，许多建筑被夷为平地。由于地震发生在西北隆冬的夜晚，多数人已入梦乡，所以城中一万五千居民，只有九百人生还。时过四年，城内的断壁残垣依旧随处可见。幸运的是当地建筑多为土坯或夯土而成，并未造成火灾危险，葛德石相信假以时日，便会重建。随后，葛德石还仔细查勘了周围的地质地形以及因地震而产生的变动。

从海原出发五天后，葛德石到达兰州。自从离开汾州，他的行程已近一千二百千米。特别是过去的几天，他平均每天步行跋涉五十千米，亟需到兰州休整补给。兰州坐落在黄河右岸，沿着黄河谷地铺开，形成东西狭长的城市。居民大约有五十万人，城里的货物种类之丰富出乎葛德石的想象。在兰州稍作休整后，葛德石继续南行至临洮。甘肃南部与北部明显不同，山峦均为葱绿，聚落也相对繁华，酸甜的杏子更是给葛德石留下深刻印象。葛德石原本计划抵达甘肃西南部，结束此次考察。在抵达河州之后，葛德石临时决定延长考察时间，前往青海湖。他在循化渡过黄河至青海塔尔寺。塔尔寺是藏东北的中心，寺中有三千多名僧人，还有许多千里之外的香客。从塔尔寺出发，葛德石进入西宁谷地，沿途经幡猎猎，时不时地遇见转动经筒的朝圣者和牦牛货车。当穿过西宁谷地后，葛德石发现景观截然不同，树木顿时消失，雪山映入眼帘。

在青海湖畔，葛德石找到一处淡水，搭起帐篷露营了三天。他深深为这个高原圣湖所倾倒。他从地质学角度认真考察了这个咸水湖，认为此湖可能形成于更新世或冰期。当欧洲还在冰期的时候，中亚已经拥有湿润的气候。当时中亚的降水量远远超过蒸发量，所以能形成内陆湖泊，青海湖即为明证。而青海湖的盐度正是因为蒸发量大于降水量，没有出水口而日益累积的结果，不过目前湖泊正在萎缩。

在返回过程中，葛德石还饶有兴致地探访喇嘛庙，同喇嘛共进晚餐。同时他还拜访了沿途的牧民，发现这些藏民有着孩子般的纯真。他们非常友好，对葛德石的头发和皮肤以及所携带的一切东西都很好奇。藏民们即使夏天也穿着皮袍，因为早晚温差很大，中午热的时候，他们会将一只袖子脱下，绑在腰间。但是访问藏民帐篷也存在潜在的危险，最大的障碍是藏獒。它们吠声沙哑，凶猛无比，但你绝不能伤害它们，因为在藏区杀死一只藏獒是对主人的严重冒犯，你必须要赔偿一头牦牛。最好的办法是给它们一些食物，等待主人出来。[1]葛德石此次蒙古甘肃青海考察前后持续三十六天。1925年4月9日，葛德石应皇家亚洲学会北中国分会邀请在上海作了《一个在甘肃、西藏和蒙古的地质与地理学考察》的报告，向公众介绍西北的地质与地理知识。[2]

2. 滦河遇险

在20世纪20年代的中国，野外考察是件非常危险的事。1929年青年地质学者赵亚曾就在云南昭通考察时被土匪杀害。葛德石的中国考察也时常面临土匪威胁，因此葛德石每次都要精心计划，通过美国领事馆寻求地方政府的配合与帮助。1924−1926年间，葛德石已经顺利考察了华北、蒙古和甘青地区。1926年夏，葛德石计划再去内蒙古西部阿拉善考察，可是当地的军事形势迫使葛德石变更计划，改道前往位于直隶和热河两省的滦河流域考察。6月17日，葛德石从上海领事馆拿到编号341的旅行通行证，此外，外交部上海特派专员承诺通知地方政府提供帮助和保护。

1926年6月28日，葛德石在学生张平安的陪同下从上海坐船前往秦皇岛，两人在秦皇岛暂时分开。葛德石先到北京出差一周，张平安则携带行李先行至滦州安顿，等待与葛德石会合。张平安于7月2日抵达滦州，在葛德石指示下，他前往县政府呈上葛德石的名片，并详细说明了他们此次考察的性质和路线，并留下住宿的旅店地址。可是县政府没有收到上海发来的通知，因此没有提供任何实质的建议和帮助。原来，在美国上海领事馆发给外交部上海特派员的第二封信中，他请求为葛德石的地质调查（geological survey）而非第一封信所言的地质考察(geological investigation)提供帮助。外交部上海特派员认为美国领事馆措辞前后不一，因此拒绝了请求。美国领事馆赶紧解释这种误会，指出葛德石作为沪江大学的教授，从事的是纯粹的学术研究，而非经济或工程调查。[3]这种官方机构的交涉无形中耽误了许多时日。葛德石在7月9日从北京返回滦州后方得知此事。他决定不再等待，整装出发。

7月11日，在未得到地方政府的任何警告、建议和士兵护卫下，葛德石在一名主管河务的奉系军官帮助下，雇佣了一条船和三名船夫逆滦河而上，前往热河。在途中，葛德石就听说上游有土匪活动，但是下行的船只都平安无事。因此，他们决定继续溯流而上，并在沿途停靠考察。13日傍晚，他们已经离开滦州七十里，将船停泊在滦河南岸的一个叫东蔡（音译）的村庄附近过夜。晚间大约11点钟一船人都进入了梦乡。突然，听到一伙人跳到船上大喊："士兵出逃，奉命搜查。"可是他们瞬间变卦，开始殴打船夫，

---

1 George B. Cressey, KOKO NOR: An account of a unaccompanied journey across northerwestern China to the borders of Mongolia and Tibet, Koko Nor, George B. Cressey Papers, Box14974, Folder 9, SUA

2 Dr. Cressey, Splendours of the Koko Nor, North-China Daily News（字林西报）April, 10, 1925, p.1

3 American Consulate in Shanghai to Cressey, July 8, 1926, George B. Cressey Papers, Box 9204, Folder Cressey Correspondence , SUA

并迅速将船篷掀翻。葛德石正在下面睡觉，他摸到了手枪，但是伸手不见五指，黑暗中就被乱棍打下。葛德石意识到强盗是有备而来，他只得屈服被迫下船。葛德石摸到鞋子，动作稍显迟缓，又挨了几棍。强盗连推带踢，将葛德石摔在淤泥岸上。惊魂未定的葛德石这才发现强盗一共有六人，一个看似头目模样的盗匪穿着军装，其余的均穿着旧蓝布衫，头上扎有手绢，其中一两人似乎还留有辫子。只有头目有枪，剩下的分别拿着刺刀、剑、鞭子和棍棒。船夫从口音上确认这些人是当地农民，只有头目是外地人。两个强盗挥舞着武器看守着葛德石一行人，其余强盗紧张而又兴奋地开始翻箱倒柜。

强盗们很快找到葛德石的科尔特手枪，推断一定还有子弹，便讯问子弹下落。葛德石稍一犹豫，又被打了几下。很明显，强盗们主要洗劫的目标是枪和钱，但也不放过其他物件。所有行李都被彻底地搜查一遍，不容易打开的箱子就用斧头劈开。更糟的是，强盗们找到了葛德石的手电筒，更多的东西在劫难逃。在慌乱中，强盗们没能找到钱。他们愤怒地追问银子的下落。由于当地土话银子为“白铁”，只有一年汉语水平的葛德石起初并不明白他们的意思，显得很茫然。于是，强盗开始变本加厉地打他，幸亏葛德石最终意识到他们要找的东西，交出了装有一百二十四块银元和几百个铜子的钱箱，才避免了进一步的虐打。强盗们也许不知道柯达相机和望远镜是什么东西，没有拿走它们，但是砸碎了镜头。

这伙强盗用了大约四十五分钟将船翻了个底朝天，最终满载而归。此时的葛德石衣衫破碎，满身淤泥。凌乱的船舱更是不堪入目，鸡蛋混着胶卷，文件撒落满舱；河岸上，行李箱和物件遍布泥滩。经过清点，发现强盗抢走了现金、手枪、手表、衣服等，并且损毁了旅行箱、仪器、相机、眼镜以及食物药品等，共计一千美元。相对于财物损失，葛德石更庆幸自己未被绑架，他甚至担心强盗会卷土重来，将其绑架索要赎金。葛德石认为自他们从滦州出发之时，就已经被强盗盯上，只是待深夜下手。因为其他船只都平安无事，唯独他损失惨重。而这个地区自从国民军撤离之后强盗横行，多数人都与张作霖的士兵有关联。葛德石曾被几次告知奉军公然抢掠，也和强盗勾结。[1]

7月14日早晨，葛德石立即前往当地最近的县政府——五十里之外的迁安县城，报案并提供损失清单。县长发布命令限期三日捉拿强盗，并预先支付五十美元的赔偿。同时葛德石向美国驻天津领事馆报告。滦河考察就这样意外被终止。三天后，葛德石抵达北戴河，卧床几天不起。经过在此度假的北京协和医院霍华德医生的检查，发现葛德石背部有十余条明显的抽打痕迹。休养两周之后，葛德石的背部仍隐隐作痛。而且由于两副眼镜均被损毁，葛德石还需专门去天津检查和替换。[2]

1 Dr. Cressey Relates Lwan River Adventure, *The Peking Leader*, July 21, 1926, page 2

2 Cressey to American Consulate in Tianjing, July 26, 1926, George B. Cressey Papers, Box 9204, Folder Cressey Correspondence , SUA

3. 三探鄂尔多斯和阿拉善

1924年葛德石考察甘肃青海的时候，曾穿越鄂尔多斯南部，前往兰州。返程之时，他又取道阿拉善沙漠至宁夏，沿着黄河至包头。但这些均为顺路考察，并非专门踏勘。1926年葛德石原本计划继续对此地区进行深入考察，但是由于当地的战事而中断。1928年葛德石第三次计划在6月至8月间考察鄂尔多斯和阿拉善地区。

葛德石之所以对鄂尔多斯和阿拉善地区情有独钟，首先因为这里关系到中亚气候在过去几个地质时期的变迁。在欧洲和北美的冰川时期，亚洲并非冰期，而且蒙古地区似乎有一个比较湿润的气候。但这不仅仅是气候问题，因为气候的变化直接作用于植被，进而影响到动物。1924年，葛德石曾在此区的河流阶地、冲击扇剖面、盐湖面积、干盐湖沉积以及地文循环上，发现了气候变迁的关键信息。这些保存在沉淀和侵蚀循环中的气候证据暗示着鄂尔多斯地区史前的生境。1926年在东京举行的第三届泛太平洋会议上，葛德石宣读《东亚冰期的气候》的论文论述了这个问题。其次，鄂尔多斯沙漠是研究中亚干旱和半干旱地区地理的理想之地。沙漠是地质学的天堂，因为所有地质侵蚀和搬运都在继续，地质过程被教科书般地完美展示，特别是诸如风化、侵蚀、沙丘性质、盐湖以及沉淀循环等在内的浅层地质学。而阿拉善山脉则展示了构造地质学的一些问题，比如它的形成是因为来自西部的大隆起，同样案例在其他国家有过，但是中国此类研究还未开展。再次是黄土高原的研究。与沙漠过程和蒙古气候历史相关的是著名的黄土高原，虽然屡被旅行者描述，但是尚未有深入的研究，误解丛生。黄土的分布、厚度以及性质解读是一个丰富的课题。最后是区域研究，以上的研究都涉及了广泛问题，而未考虑它们的地理分布。区域研究就是研究鄂尔多斯和阿拉善沙漠的地质和地理条件，同时，许多学者指出蒙古由于地域辽阔，可以招引大批来自内地的汉人从事开垦，所以葛德石也希望研究和评估这种半干旱地区的农业潜力和经济前景，例如黄河北边的灌溉可行性。[1]总之，鄂尔多斯和阿拉善沙漠的考察关系到气候变迁、沙漠化、黄土以及区域研究。而且此区的相关研究基本还是空白，只有俄国的普尔热瓦尔斯基和别夫佐夫在1870年左右考察过本区。[2]

葛德石深知在这些遥远荒凉的地区考察是非常困难的，而近年来的匪乱更使这种情况雪上加霜。蒙古人本身是和平友好的，可是前往鄂尔多斯必经之路的沙漠边缘被散兵游勇充斥，再加上滦河被劫的教训，葛德石不得不精心筹划这次考察。他首先通过教会，询问当地传教士的安全状况及最佳路线。因为这些传教士根植当地多年，深谙地方事务。萨拉齐的传教士告诉他，通常很少人能穿越鄂尔多斯三百里的沙漠无人区，因为那里没

---

1 Cressey's application to Shanghai College, 1928, George B. Cressey Papers, Box 9204, Folder Cressey Correspondence , SUA

2 The Ordos and the Alashan, George B. Cressey Papers, Box 14972, Folder 24, SUA

有一根草喂马和骆驼，只有铤而走险前往宁夏和王爷府的回族鸦片贩子才走此路线，他们通常骑马前往，行李很少，只带铺盖和购买鸦片的银子，但是也要七天。至于沿着黄河的路线，完全取决于在特定时间特定区域有多少土匪。以往土匪是季节性的，现在是全天候的。而且由于张作霖和阎锡山在大同至包头间的战争硝烟未尽，兵弁遍地，目前无法乘坐火车前往包头。所以，他建议从冯玉祥的控制区徐州、郑州、西安一线，前往平凉，取道固原至宁夏和阿拉善，同时可以通过冯在上海的朋友如王正廷、孔祥熙、唐绍仪等人，寻求冯玉祥的庇护。[1]

在此严峻的形势下，葛德石只得通过美国上海领事馆寻求中国政府帮助。“我从事科学研究，没有任何商业或政治意义。这些地区最近安全，没有危险。我计划穿越下列城市，请求告知当地政府：陕西西安府、平凉、花马旗、宁夏，王爷府，甘肃。除此之外，我可能还需要拜访地方政府请求帮助。所以希望有特别的文件出示给他们，最好是出自南京的。”[2]在葛德石不懈的努力下，外交部部长王正廷为其寻求到冯玉祥和阎锡山的保护。“我很高兴通知您，冯将军和阎将军都致电向我表示：当您抵达宁夏和包头时，同意为您提供保护。”[3]此外，葛德石还得以借助地方庞大的邮政系统进行考察。甘肃邮务总长为葛德石开具公函，指示下属邮局为葛德石提供必要的帮助。

1928 年 6 月 5 日，葛德石离开上海前往汉口，搭乘京汉线至郑州，然后转陇海线至陕州，再乘坐汽车至西安。此次考察的大本营设在宁夏的海城和蒙古的贸易中心王爷府。葛德石计划从北面深入沙漠中部的无人区。这次考察葛德石有一名沪江大学的学生相随，他雇佣了四名驼夫携带设备，地方政府也为葛德石派出了三十六人的护卫队。一行人前往沙漠，五天之后他们抵达沙漠边缘，可是突然接到报告，二百多名土匪正驻扎在前面的村庄。这个坐落在山隘之处的村庄，是前往沙漠的必经之路。毫无声息地穿越此村是不可能的，而如果遭遇将是非常危险的。因此，葛德石不得不暂时退回出发地，考察被迫推迟两周，直到足够的护卫士兵到达后才重新开始进行。[4] 1928 年 11 月，完成考察的葛德石再次应皇家亚洲学会北中国分支邀请，在上海做了题为《在鞑靼、鄂尔多斯和阿拉善旅行》的报告。[5]就是在这种形势下，葛德石利用在沪江大学的假期一共考察了中国 28 个省中的 23 个。

---

1 Missionary in Saraqi to Cressey, Mar. 13 and May 16, 1928, George B. Cressey Papers, Box 14972, Folder 22, SUA

2 Cressey to American Consulate in Shanghai, May 22, 1928, George B. Cressey Papers, Box 14972, Folder 24, SUA

3 Wang to Cressey, Jun.19, 1928, George B. Cressey Papers, Box 14974, Folder 3, SUA

4 George B. Cressey: *China's Geographic Foundations: a survey of the land and its people*, New York and London: Mcgraw-Hill Book Company, INC. 1934, Preface.

5 Annoucement of North China branch, Royal Asian Society, George B. Cressey Papers, Box 14972, Folder 26, SUA

科学地理考察的兴起对中国近代地理学的发展具有重要的意义，一方面它为近代地理学研究积累了大量可靠的一手资料，另一方面也改变了传统地理学足不出户的研究方法。早在 1921 年，竺可桢就指出考察是中国地学家的责任。“测量地形，制为舆图，调查全国田赋、户口、气候、物产，此为政府之事，固也。……但现时政府方愁接济军阀之乏术，安望其能有余力以资助发展气象台等之机关哉。为今之计，惟有赖社会与国民耳。国家兴亡，匹夫有责。欧美日本地理学上之调查，亦非尽以政府为主动，以个人之苦心经营，或学会之协力互助而成书立业者，比比皆是。……至于国内各高等学校及学会中之专心地学者，当不乏人。苟能组织机关，捐募巨款以调查全国之地形、气候、人种及动植物、矿产为己任，设立调查之标准，定进行先后之次序，择暑假或其他相当时期，结队考察，自十八省以至满蒙藏疆，庶几东邻不敢再有秦无人之诮。此则今日我国地学家之责任也。”[1] 但是直到 1930 年 4 月，才由中山大学地理系在系主任德国人克勒脱纳主持下，组织“云南地理调查团”，开赴云南中部作探险式考察，这是民国时期中国地理界有组织的考察之始。而葛德石在 20 年代末就已经完成了系统的中国地质地理考察。中国考察成就了葛德石，三万英里的行程成为葛德石解读中国地理的基石，为葛德石的中国地理研究做好了准备。

第四节 中国地理研究

1. 地理学思想：由地质而地理

20 世纪初，美国许多地理工作都是由地质学家完成的。最典型的莫过罗林，他以地质学研究地理，创建芝加哥大学地理系并担任系主任十余年。葛德石如同他导师罗林一样，属于地质学出身而研究地理的学者。而在 20 世纪 20 年代的中国，地质与地理分离尚未明显。中国无论从体制上还是从知识基础上都没有完全接受学科分化的条件。尤其是地理学，在没有学术研究机构和研究人员不足的情况下，早期的许多地理研究工作也多由地质学家承担完成的。[2] 在中国期间，虽然葛德石并未放弃对地质研究的关注，但是其学术兴趣逐渐集中在人类利用其生境问题上。他已经尝到观察并解读人地关系的趣味。实际上，早在芝加哥大学跟随罗林读书期间，葛德石已经选修地理课程，其间他又去耶鲁大学地理系跟随亨廷顿学习。他在 1920 年致魏馥兰的信中就指出他的学术兴趣在于地质与地理之间的相互关系和影响，而非单纯的数据，所以葛德石由地质转向地理研究，

1 竺可桢：《我国地学家之责任》，《科学》第 6 卷第 7 期，《竺可桢全集》第 1 卷，上海：上海科学教育出版社，2004 年，第 338–340 页。
2 张九辰：《竺可桢与东南大学地学系》，《中国科技史料》2003 年第 24 卷第 2 期，第 112–122 页。

既有时代因素，也与个人的学术趣味与追求有关。

葛德石的地理学思想正如英国利物浦大学地理教授，著名适应论提倡者罗士培所评论：“作者明显地受到地理学的目的是对文化景观的描绘及解读说法的影响。我们努力在人文地理中描绘和解释人类活动与地球的关系，文化景观就是其具体的表现。现在我们要超越简单的描述及解释，探寻在何种程度上这些关系是稳定的，它们能持续多长时间，人类能在多大程度上克服阻碍及局限，更好更全面地与自然共存。”[1] 葛德石对鄂尔多斯地区的研究就充分体现了这一思想。他明确指出汉人在此地区的农业垦殖不可行性。因为在此地区，所有的生命都要不息地与气候的制约相抗争。只有那些适应的才能生存。草是此地区人类可以利用的为数不多的资源之一，蒙古人为了适应生境，变成了逐水草而居的牧民。他们的物质生活完美体现了人类如何适应自然。通过牲畜，他们将草转变成毛和皮等商品，换取外界的生活必需品，他们的职业、帐篷、食物、燃料和衣物均拜自然所赐。蒙古人的精神和信仰也反映他们对环境的反应。鄂尔多斯不是弱者之地。世代生活造就强悍的男女，对于他们而言，寒暑、饥饿、贫穷，以及马背生活都司空见惯。[2]

在这种地理思想影响下，葛德石认为世界上没有一个地方像中国那样，人类与自然如此接近。中国地理景观中的显著因素，并非土壤植物或气候，而是人民。在这古老的国家，人烟遍野，无处不受人的影响，遍地都是他们活动的迹象。中国地理景观是人地综合，正如树与土之不能分离成长一样，人与地关系之深，已结成不可分之有机体。农夫在田间工作之笑容，亦为自然之一部，与山川无异。正如耕耘精致的稻田，是人生全景之一部一般。因此，葛德石选择将中国文化景观作为人类活动的一个整体背景，来展现人类如何成功地与其生存环境相互调和适应。[3]

中国地理景观对于葛德石而言，不仅人地和谐，而且富于对照。皑皑的雪山和干燥的沙漠，半干旱的草原与副热带的森林，巨大的新式工厂和简陋覆盖稻谷的农舍。一个人不需要走上百里，就能从一个现代化的社会走入传统的社区，或由20世纪返回明朝式的场面。在大国之中，美国、苏联的发展是东西的，而中国则趋于南北，南起海南岛，北迄黑龙江，长达二千五百里，由热带直抵北极圈，故农作的可能与生活方式大相径庭。但在差异之外，中国还有明显的共同性。方言纵有不同，文字则一致；现代化之程度虽随地不同，但是到处都以孔子及诸圣贤之遗教，影响最深而普遍。中国在自然与文化交织中形成一特殊的地理领域。

葛德石这种地理思想始终未变，在他后期出版的亚洲地理研究中，他仍以优美的笔

---

1 P. M. Roxby, Review, *Pacific Affairs*, Vol. 7, No.2 (Jun.,1934),213

2 George B. Cressey, “The Ordos Desert of Inner Mongolia,” Reprinted from Denison University Bulletin, *Journal of the Scientific Laboratories* Vol. XXVIII, (Oct., 1933), p.216

3 E. Edwards, Review, *Bulletin of the School of Oriental studies*, University of London, Vol.7, No. 3(1934),p.642

触赞美中国的地理景观。“虽有较中国更古老、更美丽之国家，但不以中国居民如是之多，人生与自然关系如此之密，文化如此悠久，且文化深入社会的各阶层，即车夫亦能引经据典而谈孔子。故世界无一处如中国之成熟。中国文化的根蒂全建设于大地上，耕地精致犹如花圃，禾稼收割全用手工，房舍亦用土筑，处处表示人地关系之密切，每个农夫在一小块的土地上辛苦奋斗所得不过一饱，无数田舍隐藏在竹丛或柳林中，暗示着人类谋生之迫切。到处的坟墓，更提醒了尊敬土地之遗传。”[1] 在其代表作《中国的地理基础》一书的扉页上，葛德石引用赛珍珠名著《大地》中的名段来阐述中国人与土地之间关系。“春天过去了，夏天又转入收获的季节。冬天到来之前，在秋天温暖的阳光下，王龙坐在从前父亲倚墙而坐的地方。现在除了吃喝和土地，他别无所求。他不再挂念田里收成如何，不再关心地里播什么种子或别的事情，他只想土地本身。有时他会弯下身，抓些土放在手里，攥着土坐着，仿佛指间的泥土充满了生命。他攥着土，感到心满意足。他想着土地，想着他绝好的寿木。而仁慈的大地则不慌不忙地等着他，等他回归土中。”[2]

关于地理方法，葛德石认为地理学的任务是解读人们和他们的活动，以及环境之间的关系。地理要求解答两个主要疑问：第一个是那种东西在哪里有多少，如人民的数目与种类，或降雨、耕地数量与分布等；另一个疑问是为什么他们在那里，这是处理相互关系。葛德石并不是以地理思想见长的学者，而是在于其实践。如同詹姆斯在纪念文章中所说：葛德石属于那一代地理学者，不太关注理论和方法，而注重理解环境的独特性。一开始他就奉行地理学家必须行万里路的理念。[3] 葛德石自己也经常引用其老师的教导，即地理学者有三个需要：第一个是旅行，第二个是旅行，第三个还是旅行。而在中国地理上最大的需要，乃是选取许多类型的区域，来做详细精密的研究，其范围为一县区或更小的区域。此等地域的研究，应包括许多自然因素和人文因素。只有做了精细研究之后，才能明白中国的问题及其可能性。[4]

1924 年葛德石在沪江大学讲授中国地理课程之时，发现唯一关于中国地理的英文材料竟是一本薄薄的宣传册。他当即告诉校长魏馥兰他可以做得更好，从此立志写一部中国地理的高等教材。1928 年葛德石的《中国地理》书稿已经完成了一百页的写作。在 1928–1929 年度计划中，葛德石打算利用寒假到中国西南部考察一个月，从而结束中国地理的野外调查，完成《中国地理》一书的写作。同时因为中国精确地图十分缺乏，葛德石决定利用第一手资料，依据二十四张关于气候、地貌、农业、人口和人类利用的地

---

1 葛德石著，张印堂、刘心务译：《亚洲之地与人》，上海：商务印书馆，1946 年，第 31 页。33 葛德石著，张印堂，刘心务译：《亚洲之地与人》，上海：商务印书馆，1946 年，第 31 页。

2 George B. Cressey: *China's Geographic Foundations: a survey of the land and its people*, New York and London: Mcgraw–Hill Book Company, INC. 1934, Cover.

3 Preston E. James, "Obituary: George Babcock Cressey, 1896–1963," *Geographical Review*, Vol. 54, No. 2 (Apr., 1964), p. 256

4 葛德石著，谌亚达译：《中国区域地理》，南京：正中书局，1947 年，著者序言。

图制作中国地图集，并由商务印书馆出版一册比较地理图集，同时绘制一幅精确的中国新图，至少是此书中的地图。[1]1930年，在中国地理深入考察和研究的基础上，葛德石正式提出他的中国地理分区，即将中国分为十五个区域，并详细讨论了区域的划分依据及区域特征。[2]葛德石在中国六年的研究成果集中体现在他的代表作《中国的地理基础》一书之中。

2. 同行切磋

葛德石的中国地理研究除野外考察之外，学术交流与借鉴也是重要部分。20年代的中国，专职地理学者寥寥无几。葛德石的地质学背景使得他的交流对象首先是地质学者，同时葛德石的美国身份及汉语能力使他更容易接触在华的欧美学者以及在欧美受过训练的中国学者。葛德石的学术交流主要围绕两大机构：一个为中国地质学会，另一个为太平洋学会。这两大机构都是20世纪上半期享有盛誉的学术团体，网罗众多一流的学者，为葛德石的中国知识生产，构建了一张宽广而深厚的研究网络。

（1）中国地质学会

中国地质学会是于1922年1月由地质学者章鸿钊、翁文灏、丁文江、李四光、葛利普等二十六人在北京兵司马胡同九号创立的。中国地质学会是中国地质学者自行组织的学术团体，它虽不属于北京地质调查所，但自成立之日便挂靠在地质调查所，其学会会务、会刊出版均由地质调查所承担，因此与北京地质调查所息息相关。北京地质调查所成立于1913年，地质调查所先后建立地层古生物研究室、新生代研究室、沁园燃料研究室、矿物岩石研究室、地震研究室和土壤研究室等。北京地质调查所在丁文江、翁文灏等人领导下，为中国的地质研究赢得了广泛的国际认可。毫不夸张地说，北京地质调查所是民国时期中国最具有国际水准的学术机构之一。

1923至1924年，葛德石在北京华文学校学习期间，其中一个目的就是与中国地质学会建立联系。1924年即中国地质学会成立两年之后，葛德石与葛利普等一样成为当时中国地质学会为数不多的外籍会员。中国地质学会成为葛德石进行学术交流的一个重要平台，其中重要的交流对象有葛利普、巴尔博以及李四光等。

早葛德石三年抵达中国的葛利普（A.W. Grabau，1870—1946），出生于美国布法罗的一个德裔移民之家。葛利普1896年毕业于美国麻省理工学院，1900年获得美国哈佛大学地质学博士，随即执教哥伦比亚大学，他在古生物学及地层学的研究享誉世界。第

1 Cressey, Proposed Program, 1928—29, George B. Cressey Papers, Box 14974, Folder 1, SUA

2 George B. Cressey, "The Geographic regions of China," *Annals of the American Academy of Political and Social Science*, Vol.152, China (Nov. 1930), pp.1—9

一次世界大战期间，葛利普由于同情德国而遭到哥伦比亚大学解聘，同时与犹太籍妻子的婚姻也走到了尽头。四面楚歌的葛利普 1920 年应丁文江之聘前来中国，担任农商部地质调查所古生物室主任，兼任北京大学地质系古生物学教授。在研究上，葛利普笔耕不辍，著作等身，其毕生著述高达二百九十一种，其中有一百四十六种是在中国完成的，包括《中国北部奥陶纪动物化石》和《中国古生代珊瑚》等著作；在教育上，葛利普诲人不倦，亦师亦友。中国古生物名家孙云铸、杨钟健、黄汲清等均出自葛氏门下。葛利普一生在华二十六年，最后埋骨北京大学地质系。而中国地质学会则自 1925 年就由葛利普的高足王宠佑设立葛氏奖章，以示尊崇。

在芝加哥大学攻读地质学博士期间，葛德石就拜读过葛利普的著作。但两人相识应该是葛德石 1924 年在北京华语学校学习汉语期间，在北京的美国人圈子里，两人时有过往。返回上海沪江大学之后，葛德石曾有段时间研究上海地质。1926 年英国凿井公司在上海开凿了一口六百英尺的深井，葛德石拿到一些对于了解上海地质非常珍贵的凿井地质样本。葛德石将其邮寄到北平地质调查所，请求地层专家葛利普帮助分析。[1] 此后，葛德石只要去北京，葛利普是他必定要拜访的人之一。1927 年夏天，葛德石到北京地质调查所图书馆查阅资料，拜会葛利普。在葛德石的简历中，葛利普被列为沪江大学时期的推荐人。即使葛德石返回美国之后，他与葛利普的往来也未中断。1937 年七七事变之后，葛利普留守北京。葛德石关切地询问状况并介绍了自己目前所从事的研究，葛利普则出版了新著，并将一些最新发表的文章赠给葛德石阅读。[2]

葛德石与另一位在华的地质学家巴尔博也是在北京相识的。巴尔博（George B. Barbour，1890—1977），出生于苏格兰的爱丁堡，1910 年爱丁堡大学硕士毕业后，环球旅行途经中国，被中国所迷恋。1920 年，巴尔博应燕京大学地学系之聘担任地质学教授。在北京期间，他积极参与地质学会与中国地质调查的活动，并参与周口店北京人的发掘。1931 年，因爱子患病需要返美治疗，巴尔博才依依不舍地阔别生活了十一年的中国，转而执教辛辛那提大学地质系直至退休。巴尔博对华北和长江流域的地质均有较深的研究，因此与葛德石的研究区域较为一致，两人往来密切。1932 年巴尔博应中央研究院之请，要写一篇关于南京地貌问题的文章。因为葛德石曾研究南京和西北地区的黄土，因此巴尔博向葛德石请教黄土发育问题。[3]1933 年，葛德石向巴尔博请教黄河中游的地质问题，特别是鄂尔多斯地区的地质历史。[4]

在沪江大学期间，葛德石与之常有来往的另一位地质学者是李四光（1889—1971）。1927 年李四光从英国伯明翰大学获得地质学博士回国。次年，李四光在中央研究院设在

1 Cressey to Grabau, Dec., 30, 1926, George B. Cressey Papers, Box 14972, Folder 26, SUA
2 Grabau to Cressey, Jun., 14, 1938, George B. Cressey Papers, Box 14969, Folder 12, SUA
3 Barbour to Cressey, Jan., 29, 1932, George B. Cressey Papers, Box 14969, Folder 10, SUA
4 Barbour to Cressey, Jan., 11, 1933, George B. Cressey Papers, Box 14969, Folder 10, SUA

上海的地质研究所兼任所长。这与同在上海的葛德石有了地利之便，两人时有来往。例如 1929 年 3 月，李四光邀请葛德石参加在中央研究院地质所举行的晚宴，并且预言葛德石一定对能遇到刚从西北考察归来的斯文 · 赫定博士（Sven Hedin，1865–1952）感兴趣。[1]1932 年已经返回美国的葛德石，向李四光询问地质所的工作状况并希望获得中国地质学会的出版刊物。此时，李四光已经调回北京大学地质系，但同时还要兼管地质研究所事务。李四光向葛德石介绍了地质研究所工作的进展，并邮寄给葛德石中国地质学会的最新出版刊物。[2] 葛李两人的往来一直持续到 1949 年。

葛德石返美之后，与美国的中国地质学会会员梭颇也有过往。詹姆斯 · 梭颇（James Thorp，1896–1984），1921 至 1933 年任美国农业部土壤局调查员。1933–1936 年被聘为中国地质调查所土壤研究室主任技师，著有《中国之土壤》一书，集中反映了 20 世纪 30 年代中国土壤的研究成果。葛德石本人不仅对中国的土地利用有相当的研究，而且在地理上对中国进行了详细分区，与梭颇的研究有异曲同工之妙。因此当梭颇的《中国之土壤》一书出版之后，美国克拉克大学地理系教授 W. Elmer Ekblaw 声称梭颇将土壤放置在中国复杂的地理背景中解读，此书必将与葛德石《中国的地理基础》齐名，成为研究中国地理的重要参考文献。[3] 梭颇书中则多次参考葛德石的著作，并且借鉴葛氏的地理分区。两人在某些重要观点上也是一致的，例如两人均认为中国人口过多，可以利用耕地已经开垦殆尽，人口过剩是中国土地利用的主要问题，所以人口控制非常有必要性，但是葛德石只是强调了人口的压力，梭颇则进一步提出计划生育的重要性。第二次世界大战期间，葛德石完成《亚洲之地与人》的书稿，征求梭颇的意见。作为土壤专家，梭颇在土壤方面为其提供了详细建议。例如 alkaline soil 与 alkali 不能混用，砂姜土并非中国独有。在黄土高原垦殖问题上，梭颇意见则与葛德石相同，认为黄土高原已经没有大规模移民开发的空间。同时，梭颇还给葛德石邮寄了在中国拍摄的考察照片。[4]

（2）太平洋学会

太平洋学会（Institute of Pacific Relations，简称 IPR）是 1925 年在夏威夷檀香山成立的一个以研究太平洋各民族状况，促进太平洋各国邦交为宗旨的国际性民间团体。太平洋学会注重学术性、研究性的工作，强调实地调查和广泛收集材料，获取客观实际的结论。坚决反对先入为主的主观臆断和单纯的宣传。学会专门成立推进研究工作的调查委员会，在各成员国理事会的协助下联系关心太平洋问题的学术机构和学者个人，确

---

1 Lee to Cressey, Mar. 20, 1929, George B. Cressey Papers, Box 14974, Folder 1, SUA

2 Lee to Cressey, Mar., 15,1932, George B. Cressey Papers, Box 14959, Folder 28, SUA

3 W. Elmer Ekblaw. Review, Geography and Soils of China, *Economic Geography*, Vol. 13, No. 4 (Oct., 1937), p.432

4 Thorp to Cressey, July, 6, 1943, George B. Cressey Papers, Box 14969, Folder14, SUA

定研究项目，提供资金帮助，出版研究成果。诸多学者团结在学会周围或在学会资助下，推出了一系列关于亚洲和太平洋问题的经典之作。据统计，20 世纪 50 年代以前，在美国出版的涉及亚洲问题的论著一半是由太平洋学会直接出版或赞助出版的。[1] 太平洋学会囊括了众多领域中的顶尖学者，是 20 世纪上半期研究太平洋地区，特别是东亚地区最有影响的学术协会。

自太平洋学会成立之后，葛德石就积极参加学会的活动。1926 年他出席了太平洋学会的东京会议，并宣读《东亚冰期的气候》论文。在此次会议上，葛德石遇见美国著名地质学家维里士（Bailey Willis，1857–1949），双方探讨了黄土的起源问题。[2]1928 年，葛德石又为 1929 年爪哇年会准备了两篇分别关于中国农业土地利用和气候变迁的论文。[3] 作为回报，葛德石的研究也获得太平洋学会的资助。例如 1929 年太平洋学会资助沪江大学地质与地理系 1320 美元聘请讲师，1933 年资助葛德石 750 美元出版著作。葛德石以太平洋学会为平台结识一批研究中国的学者，例如卜凯、欧文 · 拉铁摩尔以及刘大钧等。

卜凯（John Lossing Buck，1890–1975），美国康奈尔大学博士，金陵大学农业经济系教授兼主任，著有《中国农家经济》与《中国土地利用》等书，其夫人是鼎鼎大名的赛珍珠。与葛德石一样，卜凯于康奈尔大学农学院毕业后，1915 年底受美国基督教长老会派遣，以传教士身份来到中国。卜凯与赛珍珠在皖北小城宿县进行农业传教，他在当地建立农事部，进行农业调查和育种。这段在乡土中国的经历成为赛珍珠后来名著《大地》的素材。1921 年应聘至金陵大学的卜凯开始对中国农户进行调查。他第一次对安徽芜湖的 102 个农户经济做了调查；在 1922 至 1924 年间，他又对中国 7 省 17 个地区 2866 家农户经济做了调查。1929 年金陵大学出版他的第一本著作《河北盐山县一百五十农家之经济及社会调查》。

依照赛珍珠之言，卜凯与葛德石都属学者类型，他们不善社交。上课、打牌甚至逛街的时候，脑子都在地球另一端，分析着人烟稀少地区的农业或矿业的可能性。葛德石在沪江大学任教期间，就时有与在南京的卜凯交换课件。1928 年，太平洋学会出面资助卜凯主持的金陵大学农业经济系，调查中国的土地利用情况，为期五年。目的是了解中国农业之真相，制作中国农业的精确统计，训练中国土地利用方面的人才。他们首先将全国划成若干自然区，再于自然区中选若干标准样区，作为调查范围的单位。[4] 这正是葛德石的专长和兴趣所在，因此葛德石曾计划与卜凯合作完成广泛的中国土地利用调查，

1　中国社会科学院文献情报中心编：《美国中国学手册》，北京：中国社会科学出版社，1993 年，第 14 页。

2　Cressey to Willis，Jan.，14，1928，Bailey Willis Papers，1856–1957，Box 12，Folder 23，Speical Collectioin，Huntington Library，CA

3　Cressey to Liu，Mar.，17，1928，George B. Cressey Papers，Box 14974，Folder 1，SUA

4　《太平洋国际学会资助本校做全国土地利用调查》，南京大学高等研究所校史编写组：《金陵大学史料集》，南京：南京大学出版社，1989 年，第 201–202 页。

可惜后因葛德石回美未得成行。

作为中国农业调查专家，卜凯的研究经常被葛德石作为权威引用。葛德石在其著作《中国的地理基础》一书中就大量借鉴了卜凯的成果，甚至扉页上所引用一段关于中国农民与土地的描写也是出自赛珍珠的《大地》。1929 年返回美国后，葛德石与卜凯仍保持良好的互动，1931 年葛德石在《地理评论》上介绍卜凯著作《中国农场经济》(1930)。[1]1934 年，葛德石为国民政府聘请调查江浙土地利用，中间就有卜凯的引荐。1938 年，葛德石再次在美国为卜凯的新作《中国土地利用》（1937）鼓吹，而此书所采用的分区体系正是葛德石根据自然、气候、农业划分的地理区域。[2] 此时刚从兰州考察回到重庆的卜凯闻讯，对葛德石的美言深表感谢。[3]

在太平洋学会，葛德石交往的一位中国学者是刘大钧。刘大钧（1891–1962），江苏丹徒人，其叔父为《老残游记》的作者刘鹗。刘大钧 1915 年获美国密歇根大学学士学位，1916–1919 年间任清华大学经济学教授，后历任北洋政府经济讨论处调查主任，国民政府立法院统计局局长。他分别于 1923 年和 1929 年成立中国经济学社与中国统计学社，后来两社合并重组为中国经济统计调查所，刘大钧出任所长。他利用统计这一工具，对民国的工业、农业以及人口领域都有独到的见解，为国民政府所倚重。因此，刘大钧与马寅初、何廉、方显廷被并称为民国时期的四大经济学家，享誉国内外。刘大钧本人与太平洋学会往来密切。刘氏曾在 1927–1931 年间担任太平洋学会中国研究干事，而太平洋学会也资助了他主持的上海工业化问题研究。

葛德石与刘大钧不仅同属太平洋学会，而且都长驻上海，所以过往频繁。1926 年葛德石将《中国地理》油印版第一版送给刘大钧，征求其对自然分区的意见。刘大钧从经济学家的角度依照章节给予了详细的意见。例如对于葛德石在第二章对于中国南北地理的分界，刘大钧认为华北平原的南部界线太靠南，应该在淮河一线，因为淮河下游的农作物状况更像长江下游，而非华北平原。淮河之南以水稻为主，水稻的最北端就是在淮河与洪泽湖交界的江苏清江浦，而淮河之北小米和玉米更为重要。在第十章的闽台地区，刘大钧认为浙江、福建地区似乎太大，因为在经济和农业条件上，钱塘江流域出产丝、米、茶等，与长江流域相同，而与浙东南和福建则差异明显，所以宁波应该属于长三角地区。此外，刘大钧还提供了包头、归绥、绥远、保定、南昌、九江等地方公开发表的详细统计资料。[4]

---

1 George B. Cressey, "Review Chinese Farm Economy by John Lossing Buck", *Geographical Review*, Vol. 21, No.2 (Apr., 1931), p.352

2 George B. Cressey, "Foundations of Chinese Life", *Economic Geography*, Vol.15, No.1 (Jan., 1939), pp. 95–104

3 Buck to Cressey, Apr., 20, 1939, George B. Cressey Papers, Box 14969, Folder 11, SUA

4 Liu to Cressey, Dec., 15, 1926, George B. Cressey Papers, Box 14974, Folder 3, SUA

1928 年葛德石登门拜访刘大钧，赠送了修订后的《中国地理》，同时请求提供有关中国农田的统计材料。刘大钧送给葛德石其在《中国经济》上发表的《中国农用地统计》一文（Statistics of Farm Land in China，reprinted from the“Chinese Economic Journal”，March，1928）。[1] 在《中国的地理基础》一书中，葛德石大量使用了统计资料，并制作各种统计图表，这都与刘大钧的工作密不可分。葛德石与刘大钧的友谊保持了终生，1943 年葛德石抵达重庆再度访华，刘大钧因为生病卧床，没能前去探望并出席葛氏的讲座，他还为此致信葛德石深表歉意。[2]

除了在华的中国研究专家，太平洋学会还囊括了美国本土的中国研究专家，葛德石与之也有良好的互动，其中之一就是保罗 · 尼赫斯。保罗 · 尼赫斯（Paul O. Nyhus，1894–1981），美国威斯康星大学农学系毕业，1927–1931 年任美国农业部中国农业专员，对于中国农业有相当的研究。作为中国农业调查专家，1929 年，保罗指出葛德石书中有关华北地区农作物制度的错误。在书中第三章有关华北地区的农业部分，葛德石认为因为寒冷和干旱，华北平原冬季很少种植作物，虽然零星有一些冬小麦，可是此区基本上只有一季夏季作物。保罗根据他从山东、河南以及安徽北部收集的数据论证，华北平原在收割完豆类、甜薯和其他夏季作物后，百分之五十以上的土地会在秋季种植冬小麦，华北平原没有春小麦。只有在华北平原北部及北京周边地区，可能由于冬季过于干旱，不种植冬小麦，可是那只占华北平原很小一部分。[3]1933 年葛德石发给保罗一篇在 1925 年美国社会学会出版的有关华北的人口密度和生活水平的文章，保罗敏锐地指出它不是一篇论文，更像一个作者研究的综合报告，没有提供方法，数据好像出自估计，而非精确调查。[4]

中国地质学会和太平洋学会为葛德石的学术交往与切磋构建了强大的网络。但是葛德石的交往并不仅仅限于这两个学会。两大学会之外，葛德石结交的其他重要学者还有上海徐家汇天文台的龙相齐(Ernesto Gherzi 或 Father Gherzi)。清同治十二年（1873 年）法国天主教耶稣会在上海兴建徐家汇天文台。它是由法国天主教会与法国科学院共同支持的研究机构，其人员与设备均为亚洲一流。除了天气，它还记录地震和地磁。光绪元年（1875 年）它即开始按期发行地磁与气象观测月刊一种，直至民国二十六年（1937 年）因抗战而中断。月刊之外，徐家汇气象台出版各种学术研究刊物至多，曾印光绪二十一年（1895 年）至民国七年（1918 年）二十四年间六百二十次台风路径图，并且每年印发台风年报。徐家汇气象台所发行的学术刊物，前后工作持续七十余年，在国际学术界中

1 Liu to Cressey, Feb. 25,1928, George B. Cressey Papers, Box 14974, Folder 3, SUA
2 Liu to Cressey, Dec., 31, 1943, , George B. Cressey Papers, Box 14973, Folder 13, SUA
3 Paul to Cressey, Aug., 10, 1929, George B. Cressey Papers, Box 14974, Folder 15, SUA
4 Pual to Cressey, Aug., 9, 1933, George B. Cressey Papers, Box 14974, Folder 15, SUA

深负盛名。[1] 徐家汇天文台在上海发布天气预告及暴风警报，兼任远东海空航运气象服务，它发布的台风预警曾挽救无数的船只。

龙相齐是意大利传教士，梵蒂冈科学院院士，曾担任徐家汇天文台主任数十年。其间，龙相齐利用天文台所记录五十三年（1873—1925）的天气资料撰写了《中国雨量研究》（*Etude Sur La Pluie En Chine*）一书，内容丰实，基本揭示中国雨量变化规律及其气候概貌与特征，为当时研究东亚气候的宝典。徐家汇天文台也成为葛德石获取中国气候与地理信息的一个重要来源。徐家汇天文台曾主持一次大地测量，1929 年 1 月，葛德石向龙相齐询问测量的地图及其调查的地名问题，并希望参考龙相齐的著作。[2] 3 月，葛德石带领沪江大学地质地理系的学生参观了徐家汇天文台，龙相齐送给葛德石三卷本的《中国温度》，两卷本的《中国雨量研究》及《雨量地图集》。[3] 因此，葛德石的《中国的地理基础》一书中有关气候部分的资料很多为龙相齐提供，因此在书中前言，葛德石致谢龙相齐。1950 年，中共军队收回徐家汇天文台的时候，留给在此工作了三十余年的龙相齐三十分钟时间撤离。龙相齐只得仓皇前往澳门工作，他凭借记忆以及在香港与菲律宾收集到的资料，写成《中国气候》一书，并绘制东亚气候地图，葛德石为其在美国的《地理评论》上推介此书。[4] 这个时期，葛德石频繁来往的重要学者还有翁文灏和竺可桢，关于他们的交往，详见后文专题。

（3）**未成行的合作**

当葛德石在中国西北考察之时，美国自然历史博物馆在安竹斯主持下也在中亚地区进行大规模的科学考察。安竹斯（Roy Chapman Andrews, 1884—1960），美国探险家，博物学家，曾任美国自然历史博物馆馆长，以民国时期对中国、蒙古等地科考探险而知名。1916—1917 年间，安竹斯曾到云南、福建等地考察。1922—1931 年间，他先后对蒙古进行四次考察，希望发现早期人类的遗存，但却意外发现了恐龙和其他大型哺乳动物化石。

在安竹斯的科考队中，由哥伦比亚大学地质学教授伯基（Berkey）担任地质顾问。葛德石在 1923 年美国地质学安娜堡年会上结识伯基，告之前往中国执教的消息，伯基建议他申请加入科考队。[5] 1924 年，葛德石结束在北京的汉语学习之后致信安竹斯，介绍

1 郑子政：《中国气象学术事业发达史略》，林致平等编：《中国科学史论文集》，台北：中华文化出版事业委员会，1958 年，第 127 页。

2 Gherzi to Cressey, Jan., 23, 1929, George B. Cressey Papers, Box 14974, Folder 3, SUA

3 Gherzi to Cressey, Mar., 27, 1929, George B. Cressey Papers, Box 14974, Folder 3, SUA

4 George B. Cressey, "Review The Meteorology of China, by E. Gherzi; Climatological Atlas of East Asia by E. Gherzi", *Geographical Review*, Vol. 44, No.2 (Apr., 1964), pp. 311—312

5 Cressey to Berkey, May 8, 1923, Central Asiatic Expeditions Papers, 1921—1930, Box 2, Folder 12, Speical Collection, American Musuem of Natural History, New York

自己的工作并希望加入科考队。[1] 但是安竹斯表示科考队中已有伯基及他的学生莫里斯，暂时不需地质方面的专家。[2] 在没有成功的情况下，葛德石独自对鄂尔多斯等地进行考察，并取得一定的成就。1926 年，葛德石将自己的相关论文寄给安竹斯，再次申请加入科考队。[3] 安竹斯表示由于中国北伐战事，他不能确定 1927 年的科考能否继续，但是他会尽最大努力为葛德石争取一个职位。[4]

1927 年，安竹斯终于为葛德石找到一个机会，邀请葛德石加入 1928 年的科考队。葛德石非常乐意加入，因为他一直在从事着鄂尔多斯和阿拉善的地质研究，而且恰巧明年计划考察此地区。[5] 加盟实力雄厚的中亚科考队，就意味着既可从事蒙古的科学考察，又解决了经济和安全等后顾之忧，这正是葛德石梦寐以求的。安竹斯本人也非常希望葛德石加入，因为葛德石在中国有年，又考察过蒙古地区，其学术兴趣也和此次科考有关。所以，安竹斯和葛德石两人都觉得胜券在握，安竹斯甚至允诺在考察期间，为葛德石提供所有的花费和设备，并每月补助 150 美金。[6] 两人还饶有兴致地探讨在何处发现古人类活动痕迹可能性较大。葛德石表示戈壁中间的开阔平原不如山脚下的绿洲有希望，因为人类文化发展往往集中在这种区域，而且遗存证据也容易在这种区域的冲击扇、河流阶地和冰川中得以保存。[7]

然而，两人确实高兴得太早了，因为最终决定权在纽约的董事会手里，特别是考察队前任地质学家伯基的意见。葛德石最大的竞争对手是来自耶鲁大学的一位地质学家，他的入选能将此次探险与耶鲁大学联系起来，提高在美国的影响力与关注度。1928 年 1 月，葛德石接到安竹斯告知他未入选的电报，他极不情愿接受现实，恳请如果有一线机会都要允许他加入科考团，这样他至少能避免被土匪打劫或殴打。[8] 但终未成行，1928 年夏葛德石只得独自前往鄂尔多斯进行考察。不过葛德石一直未放弃申请加入中亚科考队。1931 年，葛德石即将出任美国雪城大学地质地理系主任，他再次申请加入科考队。[9] 而此

1　Cressey to Andrews, Nov.8, 1924, Central Asiatic Expeditions Papers, 1921—1930, Box 2, Folder 12, Speical Collection, American Musuem of Natural History, New York

2　Andrews to Cressey, Nov.19, 1924, Central Asiatic Expeditions Papers, 1921—1930, Box 2, Folder 12, Special Collection, American Musuem of Natural History, New York

3　Cressey to Andrews, Dec.17, 1926, Roy Chapman Andrews, 1884—1960, Box VIII, Folder 5, Special Collection, American Musuem of Natural History, New York City

4　Andrews to Cressey, Jan. 25, 1927, Roy Chapman Andrews, 1884—1960, Box VIII, Folder 5, Special Collection, American Musuem of Natural History, New York City

5　Cressey to Andrews, Dec., 9, 1927, George B. Cressey Papers, Box 14974, Folder 2, SUA

6　Cressey to Andrews, Dec., 20, 1927, George B. Cressey Papers, Box 14974, Folder 2, SUA

7　Cressey to Andrews, Jan., 3, 1928, George B. Cressey Papers, Box 14974, Folder 2, SUA

8　Cressey to Andrews, Jan., 26, 1928, George B. Cressey Papers, Box 14974, Folder 2, SUA

9　Cressey to Andrews, Mar. 23, 1931, Roy Chapman Andrews, 1884—1960, Box VIII, Folder 5, Special Collection, American Musuem of Natural History, New York City

时，安竹斯的科考队由于中国政府的限制面临终止，葛德石最终未能如愿。[1]

第五节 离开中国

1. 请辞沪江大学

20 世纪 20 年代，中国随着民族主义高涨，反基督运动风起云涌，国内要求教会大学本土化的呼声此起彼伏。如果说 1925 年以前的运动尚未波及沪江大学，那么 1925 年之后沪江大学也卷入风潮之中，特别是在上海爆发的五卅运动，在全国掀起了反对帝国主义的高潮。1926 年的北伐又促使民族主义进一步高涨。1927 年 3 月，北伐军攻打南京，直鲁联军溃败，在南京的外侨住宅遭到抢劫。金陵大学的五栋住宅被烧毁，副校长美国人文怀恩被打死，导致包括卜凯夫妇在内的许多外国人避乱上海，或者仓皇回国。在上海，北伐军队也向外国人开火，位于郊外的沪江大学首当其冲。因此，美国上海领事馆命令所有美国人躲入租界。直至蒋介石控制上海之后，局势才逐渐得以稳定。[2]

蒋介石提供的庇护是有代价的。南京国民政府成立之后，便要求所有教会大学都要在政府注册，校长必须为中国人，大部分学校董事必须为中国人，所有宗教课程均为自愿。深谙中国文化的沪江大学校长魏馥兰一直认为："基督教若欲在中国得以永远滋长，基督教教会必须完全变为中国的有机体；否则，万难得到华人的助力而在中国土地上滋荣发达。"[3] 在这种理念的指导下，魏馥兰始终致力推动沪江大学的中国化，赞成向华人移交学校管理权，直至刘湛恩出任校长。刘湛恩（Herman C.E. Liu，1896–1938），出身湖北农家，美国哥伦比亚大学教育学博士，沪江大学首任华人校长。1938 年因参加抗日运动被日军暗杀于上海，震惊中外。1928 年 2 月，刘湛恩出任沪江大学校长，蔡元培、孔祥熙、上海市长张定璠及沪上各界名流出席就职典礼。[4]

在中国内外纷扰之际，葛德石有充分的理由离开沪江大学。首先，葛德石与沪江大学的合同 1928 年 6 月 30 日到期。其次，葛德石认为持续的内战致使中国不再安全，虽然中国许多问题源于内部而非外部，但是大众对外国人的敌视日增，所以中国的形势已经容不下一个外国人在中国做贡献。旅行是葛德石解读中国的重要方式，可是外国人旅行已经被禁止，不仅因为盗匪，还有大众态度。再次，随着中国海关的自治和关税的提高，外国人在中国生活成本增加，目前工资很难维持开支平衡。最后，由于浸礼会向来

---

1 Andrews to Cressey, Oct. 5, 1931, Roy Chapman Andrews, 1884–1960, Box VIII, Folder 5, Special Collection, American Musuem of Natural History, New York City

2 Francis Johnstone White, *Story of the University of Shanghai*, *Shanghai*, 1935, pp38–39

3 胡卫清：《普遍主义的挑战：近代中国基督教教育研究，1877–1927》，上海：上海人民出版社，2000 年，第 382 页。

4 North China Daily News,Feb. 27,1928

不太重视教育，对冷门的地学系支持力度不够，这让葛德石看不到任何希望。同样，沪江大学校方对地质与地理系的地位模棱两可，没有发展第一流的地质地理系的决心和计划。而新的管理机构又使外国人更难参与学校事务。此外，葛德石的中国考察也受到一些传教士的攻击。他们指责葛德石费时费力地在中国多省考察，观察气候、岩石、化石与矿产等。可是传福音是更重要的工作，更符合国外传教目的。葛德石却本末倒置，把传教的资金花在研究上。[1] 综合以上因素，葛德石决定辞职返回美国。但是葛德石同时宣称辞职并不代表他对中国的兴趣减少。相反，离开中国之后，他会依旧研究中国，希望能在美国找到一个合适的教职，然后投身亚洲自然与人文地理的教学与研究之中。[2]

1928 年 2 月，葛德石向沪江大学校务委员会递交辞呈，同时推荐一位叫黄国璋的留美地理的学生接替自己的职位。[3] 但是，沪江大学董事会以投票方式坚决挽留葛德石。[4] 葛德石只得暂时收回辞呈，继续在沪江大学服务。而风闻葛德石辞职消息之后，清华大学、岭南大学、圣约翰大学、金陵大学等高校纷纷抛出橄榄枝，特别是金陵大学。新任校长陈裕光与卜凯赛珍珠夫妇既是同事，又是邻居。他们分别住在金陵大学校园西侧平仓巷两座二层洋楼里，陈裕光一家住在路西 5 号，卜凯一家住在路东 3 号，两家近得可以站在楼上对话。陈裕光从卜凯那里了解到葛德石有意离开沪江的消息，于是亲自写信邀请葛德石前来金陵大学农林学院任教。他表示金陵大学虽然没有地理系，但是可为葛德石发展地质和地理学提供广阔的空间。[5] 而卜凯的中国土地调查项目也欢迎葛德石加盟。因为老友卜凯积极促成此事，葛德石曾郑重考虑过金陵大学，可是由于担心南京再出现以前经常面临的撤离，特别是 1927 年对外国人的杀害（The Nanking Incident of March 24–25，1927）仍令人心有余悸，从而打消了执教金陵大学的念头。不过，他承诺一两年之后，待中国局势安定之后，他会考虑再回来。[6]

1929 年夏天，葛德石利用休假（sabbatical year）终于回到阔别六年的美国。他带着妻子和两个孩子前往俄亥俄州的家乡与父母团聚。暑假之后，他在哈佛大学找到了一个研究助理的职位，利用哈佛所藏丰富的中国资料，完成《中国地理》一书的最后几章。但是沪江大学校方非常希望葛德石年假结束之后重返学校，校长刘湛恩极力邀请葛德石回去，并将葛德石晋升为副教授。[7] 起初离开中国之际，葛德石也打算年假之后重回沪江大学，因此他的家具和书籍都完整地留在了上海。至 1929 年 11 月，葛德石返回沪江大学的希望仍在，但刘湛恩的信没有提出解决地质地理系问题的实际具体办法，犹如一张

1 Saturday School Times，Mar.,1928，George B. Cressey Papers，Box 14974，Folder 2，SUA
2 Cressey to Liu，Jan.，6，1929，George B. Cressey Papers，Box 14974，Folder 1，SUA
3 Cressey to Shanghai College，Feb.，21，1928，George B. Cressey Papers，Box 14974，Folder 1，SUA
4 Liu to Cressey，Mar.，3，1928，George B. Cressey Papers，Box 14974，Folder 2，SUA
5 Chen to Cressey，Jan.，11，1929，George B. Cressey Papers，Box 14974，Folder 2，SUA
6 Cressey to American Baptist Society，Jan. 17，1930，George B. Cressey Papers，Box 14974，Folder 1，SUA
7 Liu to Cressey，Nov.，21，1929，George B. Cressey Papers，Box 14974，Folder 3，SUA

空头支票，这坚定了葛德石辞职的决心。于是1930年1月，葛德石正式向浸礼会请辞传教士的任命。2月，沪江大学也最终接受葛德石的辞呈，感谢葛德石创建地质地理系的功劳以及在沪江大学五年的服务。[1]

2. 克拉克大学地理学博士

在中国期间，作为地质学博士的葛德石却将学术兴趣逐渐转移到了地理方面。在返美前夕，他曾向自己以前在芝加哥的老师威灵顿·琼斯（Wellington D. Jones，1886–1957）表达了自己的矛盾心理。因为他目前的学术兴趣在地理上，可是没有受过地理学专业训练，很难在美国的学术机构找到地理方面的工作。[2]而葛德石1928年在上海出版的《中国地理》一书，在美国地理学界评价并不高。例如琼斯和威斯康星麦迪逊地理系教授格伦·特里瓦萨（Glenn T. Trewartha，1896–1984）都认为此书第一章没有足够区分地理和非地理。格伦更是坦诚地告诉葛德石，希望他能在写书之前多接触一下区域地理学的新理论，从而知道什么是地理，什么不是地理。[3]这种委婉的批评还是深深刺激了葛德石，因为如果一个连地理非地理都分不清的学者，纵有一腔热情，又如何从事地理研究。

1930年，在哈佛大学实习一年后，葛德石决定攻读地理学博士，以便将来从事跨越地质与地理学的研究。为此，葛德石再次征求琼斯的建议。琼斯认为：首先，那种综合地质和地理学的时代在美国已经结束。早年许多地理学者由地质学转来，随着越来越多的青年地理学者在地理学系受训，半路出家的地质学家已经没有以往的机会，不如专心从事地质学研究。其次，葛德石已经三十五岁，需要养家糊口，而且已经拥有地质学博士，是否攻读地理学博士需要慎重考虑。因为要成为一流地理学家，不仅依靠三年博士课程，还需要高强度的文献学习以及田野考察。而且许多机构会选择雇佣年轻学者。因此即使读完之后，是否能找到一个地理学工作也是问题。因为目前美国地理学系对亚洲地理学者需求甚少。不过，琼斯最后建议，如果葛德石决心已定，他推荐葛德石投奔克拉克大学地理系的阿特伍德或加州大学伯克利分校地理系的索尔。[4]葛德石决定不做一个半路出家的地理学者，而是接受正式的地理学训练。1930年秋，葛德石正式进入克拉克大学攻读地理学博士。

20世纪前半期，美国克拉克大学地理系是美国地理学的重镇。克拉克大学地理系是由校长华莱士·阿特伍德(Wallace W. Atwood，1872–1949)于1920年创建。华莱士作为罗林的高足，1903年从芝加哥大学地质系取得博士学位，随后执教芝加哥地质系。他十分重视野外实习和地学教育。1913–1920年，华莱士在哈佛大学地质地理系担任地

1 Liu to Cressey, Feb., 20, 1930, George B. Cressey Papers, Box 14974, Folder 3, SUA
2 Cressey to Jones, Feb., 1, 1929, George B. Cressey Papers, Box 14974, Folder 15, SUA
3 Trewartha to Cressey, undated, 1930, George B. Cressey Papers, Box 14974, Folder 15, SUA
4 Jones to Cressey, Feb., 5, 1930, George B. Cressey Papers, Box 14959, Folder 25, SUA

文学教授，其时竺可桢负笈哈佛，曾随其学习地文学。1920–1946 年间，华莱士执掌克拉克大学并兼任地理系主任，他筹集资金，广延名师，例如著名地理学家辛普尔从 1921 年起开始执教克拉克大学地理系直至 1932 年去世，她将人类学和历史学的分析角度引入地理系。克拉克大学地理系自然地理与经济地理并重，1925 年创办的《经济地理》杂志进一步奠定克拉克大学地理系在美国地理学界的地位。[1]

作为地理学重镇，克拉克大学自然也吸引了中国留学生。目前所知最早留学克拉克地理系的是黄玉蓉。黄玉蓉 1926 年毕业于燕京大学地学系，在巴尔博的推荐下进入克拉克大学地理系，并于 1928 年获得硕士学位，论文是《中国外贸的发展，1901–1925》。[2] 此后，中国学生在此获得地理学硕士学位的还有刘恩兰和张景哲；获得博士学位的则有罗开富（1944 年），博士论文是 *Climate Atlas of China Proper* 和赵松乔（1948 年），博士论文为 *Gerographic regions of China: Their Component Factors and Chief Characteristics*。[3] 克拉克大学成为民国时期培养中国地理留学生的中心之一。

在克拉克大学地理系，葛德石师从华莱士。华莱士在克拉克大学三十年间曾指导学生近百名。与其他师生关系不同，葛德石与华莱士两人又同出自芝加哥大学罗林门下，所以这种同门兼师生的双重关系使得两人一生保持良好的关系。例如 1941 年，华莱士请求葛德石代为购买中国地势模型，葛德石请求留守北京的老友裴文中代为置办。[4] 1949 年华莱士去世，葛德石在《美国地理学年刊》上为华莱士撰写小传，以示纪念。[5] 葛德石在克拉克大学的另一位导师是恩克保（Walter Elmer Ekblaw，1882–1949），瑞典裔美国人，地质学家和植物学家。他自 1924 年执教克拉克大学地理系直至去世。在攻读博士之时，葛德石在考察的基础上，继续研究内蒙古鄂尔多斯地区。其间他还发表了两篇有关中国地理的文章，一篇为《中国新图》（*The New Map of China*，1930），另一篇为《中国的地理区域》（*The Geographic Regions of China*，1930）。

1931 年 5 月 22 日，葛德石顺利通过博士考试，其试题如下：

1. 土壤学

在鄂尔多斯及附近地区的农牧交错带，不同湿度在不同的土地利用中发挥何种

---

1 William A. Koelsch, "Wallace Atwood's Great Geographical Institute", *Annals of the Association of American Geographers*, Vol. 70, No. 4 (Dec., 1980), pp.567–582

2 Huang, Yu-Jung, B4-6-3, Dr. Wallance W. Atwood Papers, Clark University Archives and Special Collection

3 Yuan, Tung-li: A Guide to Doctoral Dissertations by Chinese Students in America 1905–1960, the Sino-American Cultural Society, Inc, W.D.C,1961, pp.8, 43

4 Cressey to Wallance, Jan., 30, 1941, B4-14-2, Dr. Wallance W. Atwood Papers, Clark University Archives and Special Collection

5 George B. Cressey, "Wallace W. Atwood, 1872–1949", *Annals of the Association of American Geographers*, Vol.39, No.4 (Dec., 1949), pp.296–306

作用？

谈一下你对土地发育速率在黄土、冲击土和残留母质土的看法。

你在鄂尔多斯钙质土的形成以及多碱性方面有何证据？

2. 植物地理

谈论一下鄂尔多斯植被类型和附近地区人类活动的关系。

3. 土地利用、农业地理和人类地理学

概括鄂尔多斯及周边地区的生命所体现的人类地理学法则和关系。[1]

1931 年夏，葛德石如愿获得他的第二个博士学位——美国克拉克大学地理学博士。在同届毕业生中还有一位来自山东安丘县石山子村叫刘恩兰的女生，她获得自然地理学硕士学位。1933 年葛德石博士论文《内蒙古的鄂尔多斯沙漠》在美国丹尼森大学主办的 *Journal of the Scientific Laboratories* 发表。[2] 中文节译于 1945 年发表在蒙藏委员会下属中国边政学会主编的《边政公论》上。[3]

在毕业前夕，葛德石开始寻找工作。他致信加州大学伯克利分校地理系主任卡尔·索尔询问职位。索尔表示伯克利地理系有三个重点研究区域，即美国西部、欧洲和拉丁美洲。在太平洋地区的研究则非常缓慢。他们下一步计划建立亚洲地理研究，但是目前尚未确定，因此暂时没有适合的职位。[4] 而此时，美国雪城大学地质系主任退休，校方决定成立地质地理系。拥有地质与地理学双料博士的葛德石，成功被聘为雪城大学地质与地理系主任。从此开始他执掌雪城大学地理研究的二十年，并将其打造成为当时全美最好的地理硕士项目之一。

1919 年，葛德石的表哥，来华十年的浸礼会传教士葛德基在《亚洲》杂志上撰文指出一个非常有意思的现象：一个回美国度假的传教士自称是“作为西方精神生活的使者来到远东”，向“异教国家”布道的，但在远东居住一段时间后，他却开始向美国人介绍远东的文化遗产，于是他两次成为传教士：第一次是向中国传教，第二次是向本国传教。葛德基称之为“传教士的改宗”(conversion of missionaries)。他据此评论说：“他带着基督赐予启示的激情来到远东，但是在传播过程中，东方却给了他启示。他来时原为改变东方，但回时自己却成了被改变的人……远东对传教士的改变使他不仅是一个传教士，

1 Exams of Cressey's Dissertation Defense, May, 22, 1931, George B. Cressey Papers, Box 9204, Folder Cressey Correspondence, SUA

2 George B. Cressey, "The Ordos Desert of Inner Mongolia", *Journal of Scientific Laboratories*, Vol. XXVIII, October, 1933.

3 葛德石著，龙章节译：《鄂尔多斯沙漠》，《边政公论》1945 年第 4 卷第 4–6 期，第 42–51 页；《鄂尔多斯沙漠》(下)，《边政公论》1945 年第 4 卷第 7–8 期，第 41–47 页。

4 Sauer to Cressey, Feb., 13, 1931, George B. Cressey Papers, Box 14969, Folder 10, SUA

还是一个国际主义者，即世界两大文明的中介。在国外，他代表一种普世的宗教，体现了西方追求社会正义和世界大同理想的努力。在国内，他改变着千百万传教事业支持者的态度，帮助他们更加欣赏远东文明的伟大与优秀。”[1] 葛德石正是这种类型的代表。他以一个传教士般的品质进行中国地理的考察与研究，同时跨越两种文化，不仅将西方地学理念与方法引入中国，而且致力于向西方展示中国的地理和文化景观，并为之奉献一生。

1 Daniel H. Bays& Grant Wacker, *The Foreign Missionary Enterprise at Home: Explorations in North American Cultural History*, Tuscaloosa and London: University of Alabama Press, 2003, p.191

第三章《中国的地理基础》出版

第一节 商务印书馆劫难

沪江大学的执教为葛德石研究中国地理提供了机会，从 1923 至 1929 年在盗匪横行与内战不断的中国，葛德石行程四万公里，游历二十余省，广交各类学者，不辞辛苦地搜集了大量的一手资料。1926 年，葛德石为了配合教学，将几年来所收集的材料编成一本名为《中国地理》的书（*The Geography of China*），并在沪江大学油印作为教材。在后来的课堂讲授以及与学生的讨论过程中，葛德石尝试将中国分成不同的自然区域，并不断增补材料，并分别在 1927 年和 1928 年两次修订再版《中国地理》用作教材。[1]1928 年开始，葛德石决定利用新的框架重新撰写此书，至 1929 年夏基本完成。

1928 年葛德石就计划《中国地理》写作完成之后，交由上海商务印书馆出版。葛德石之所以执意在中国出版此书，正如他致王云五的信中所说："我很高兴利用这个机会使您相信我写此书，并将其在中国出版的目的是为了回报中国。我是作为一个专业地理学者来解读整体中国，不是琐碎地描写具体的地方，或研究特定的问题，而是为了展示人类在特定区域内对自然环境的适应。……此书作为五年来教授学生中国地理的产物，内容客观公正，而非政治宣传。"[2] 同时，葛德石之所以钟情商务印书馆，也是因为成立于 1897 年的上海商务印书馆，不仅具有当时国内最好的出版水准，而且还有相当优良的英语编辑水平。例如英文编辑胡哲谋，即后来葛氏之书的执行编辑，他毕业于北京大学英语系，自 1924 年开始主编商务印书馆的《英文杂志》。

1928 年 12 月至 1929 年 4 月间，葛德石分别与上海商务印书馆经理王云五，编译所主任何炳松及执行编译胡哲谋书信往来，并与王云五会面商讨合作出版《中国地理》一

---

1 George B. Cressey, *China's Geographic Foundations: A Survey of The Land and Its People*, New York and London, Mcgraw-Hill Company, INC. 1934, p.2

2 Cressey to Wang, Apr., 29, 1929, George B. Cressey Papers, Box 14974, Folder 1, SUA

书的事宜。1929年7月在返美前夕，葛德石与何炳松签订共二十七款的出版合同，规定了版税、版权以及其他相关出版事项。另外附加九项条款，特别提出商务印书馆要用最好的态度出版此书，例如纸张的质量、书中的插图、印刷、装订及其他方面都要力求最好，而且要求商务印书馆“除了不可预测的中断外，应在最短的时间内出版此书。”在这种承诺下，葛德石预计此书能在大约一年之内出版。抱着这种良好的愿望他返回了美国，并将出书一事告诉美国的朋友。1929年10月，美国农业部的朋友贝克就向他提前预订《中国地理》一书，并建议送一本给位于夏威夷的太平洋学会，以便他们在主编的《太平洋事务》上推介此书。同时，贝克表示愿意为此书在美国地理协会的《地理评论》上写一篇书评或者将其推荐给克拉克大学地理系主办的《经济地理》杂志。然而，直至1930年夏天，此书还未见动静。葛德石忍不住焦虑，写信给主编何炳松抱怨速度太慢，询问进展。执行编辑胡哲谋在何炳松指示下，对出版缓慢的原因做了具体解释：

首先，葛德石的书稿是分批给商务印书馆的，而不是按约定的在葛氏返美之前一次交清，书稿的最后几章及许多插图资料都是后来陆续从美国寄来的。因此商务印书馆直到1930年3月才算基本拿到全稿，但仍缺少前言、目录及插图索引。按照惯例，在没有完整稿件的情况下，编辑工作是不能全速进行的。所以，虽然葛氏的稿件从去年就开始提交，但实际的排版只是最近在拿到完整稿件之后才进行的。其次，书稿中的许多地图、表格、照片等均是时不时地寄来。然而，葛德石并未明确这些插图在书中的具体位置，所以要花费很多时间来斟酌布置图片。而且葛氏书中所用的许多图片并不是为了特定章节而拍摄的，只有通过对照片作一定的说明，才能与其所在章节的内容相关联。因此，除了作者外，无人知晓这些图片的恰当位置。最后，书中还存在许多地图需要重新绘制，中文地名要罗马化等问题。以上因素都导致了进展的缓慢。胡哲谋认为以上问题基本上都是葛德石造成的，商务印书馆没有责任。“我们对葛德石博士承诺将尽全力在最短的时间内出版他的著作，当然我们可以理解为在我们可以把握的时间和能力范围内对待此书。”他最后指出鉴于目前的进展，在今年秋天出版此书是不可能的，因为那时恐怕连地图的绘制都完成不了。[1]

然而，已经等了一年多的葛德石逐渐失去耐心，认为商务印书馆的解释都是与事无关的借口。于是，他分别致信在金陵大学的卜凯，太平洋学会秘书长的霍兰德（William Holland）等人给商务印书馆施加压力。1931年1月，葛氏又请求沪江大学校长刘湛恩加以过问。刘很快将此事反映给了商务印书馆高层。[2]在外界压力以及葛德石的不断催促下，商务印书馆承诺将尽最大努力，争取在秋季太平洋会议前将此书出版。同时向葛德石提出几点要求：一、多给编辑一些作必要改动的自由；二、在样稿返回以后，不要再

1 Ho to Cressey, July 18, 1930, George B. Cressey Papers, Box 14974, Folder 3, SUA
2 Liu to Cressey, Feb.,28, 1931, George B. Cressey Papers, Box 14974, Folder 3, SUA

做改动；三、如果有任何较大的改动，应立即通知编辑；四、提供一份地图清单。五、在7月底前提供前言、目录等。商务印书馆指出只有满足这些要求之后，商务印书馆才能确保本书在今年8月底，最迟9月初完成排版。[1]

此时着急的不止葛德石一人，太平洋学会也按捺不住了。因为太平洋学会自从1928年就开始资助此书的出版，现在要起草一份关于项目资助的报告，可是迟迟未能见到具体成果。[2]面对太平洋学会的询问，葛德石似乎也无可奈何。“书本身正在‘出版’，上海商务印书馆是出名的慢。所以当我和他们签订合同时，我特意附加一款，即要求他们同意‘在最短的时间内出版此书’。然而样稿还是出奇地慢，今天我刚接到他们自去年7月份以来的第一封信，现在我已经有第三章的样稿。他们允诺在今年中国太平洋会议举行前将书出版。然而，我已经放弃确定具体的出版日期了，在何时出版这件事我似乎已无能为力了。”[3]葛德石似乎真的不再抱太高的期望，只有安心配合编辑工作，等待著作出版。1932年1月，他又陆续给胡哲谋寄去书中的三幅插图。然而，一场灾难正在逼近。

1932年1月29日，中日淞沪战争在上海闸北地区爆发。进犯上海的日军对中国的文化机构进行重点轰炸。日军侵沪司令盐泽幸一甚至声称：“炸毁闸北几条街，一年半就可恢复，只有把商务印书馆、东方图书馆这个中国最重要的文化机关焚毁了，它则永远不能恢复。”当日十时许，日军飞机向闸北宝山路商务印书馆投掷六枚炸弹，印刷制造总厂，栈房及尚公小学全部被炸毁，进而起火，而持续的继续轰炸又迫使救火车无法施救，只得任其燃烧，浓烟弥漫天空。因总厂中纸类堆积甚多，延烧更加容易，厂中各种印刷机器全部烧毁。是时，浓烟遮蔽上海半空，纸灰飘飞数十里之外，火势至下午五时犹未全熄。商务印书馆的办公主楼、印刷、装订及编辑部门等百分之八十的资产被毁。“火熄灭后，纸灰深可没膝，所藏铜锌铅等版均融为流质，溢出墙外，凝成片块，其状惨不忍睹。”[4]葛德石得知后急忙写信询问。1932年2月20日，何炳松给葛德石带来了不幸的消息：商务印书馆已经被迫关闭，而且由于现场还不能接近，目前还无法得知书稿的状况。然而即使书稿未受损，商务印书馆现在也无力出版此书。因此，他建议葛德石另寻出版社。[5]

五天之后，上海英文报纸《字林西报》以标题《日军炸弹毁掉六年的工作——葛德石博士的地图和照片在闸北化为灰烬》正式报道了葛德石稿件被毁的消息。声称“美国雪城大学教授葛德石博士最近了解到他六年来在中国研究和劳动的成果，在中日上海闸北的冲突中化为灰烬。葛德石博士六年来在中国制作和收集的珍贵地图和几百张照片，

1 Ho to Cressey, Feb., 24, 1931, George B. Cressey Papers, Box 14974, Folder 3, SUA

2 Institute of Pacific Relations to Cressey, Mar.,6, 1931, George B. Cressey Papers, Box 14974, Folder 3, SUA

3 Council of American Learned Society to Cressey, Mar., 23, 1931, George B. Cressey Papers, Box 14974, Folder 3, SUA

4 何炳松：《商务印书馆被毁纪略》，王寿南编：《王云五先生年谱初稿》第1册，台北：台湾商务印书馆发行，1987年，第258—267页。

5 Ho to Cressey, Feb., 20, 1932, George B. Cressey Papers, Box 14974, Folder 3, SUA

在闸北一个印刷厂中被日军损毁。日军在上海战争中投掷的两个炸弹击中了商务印书馆办公楼——这个东方最大的印刷公司。葛德石博士等待出版的书稿就在其中。虽然葛德石博士仍存有手稿，但是照片和地图均已被毁。葛德石博士自从1923年至1929年在上海沪江大学的任教期间，就在美国社会科学研究基金和太平洋国际协会资助下，在中国行程三万多公里，考察了中国28个省中的24个。他精心制作了前无古人的地图，并在上面仔细标出温度、降雨、公路及地理地质状况。出版公司的损坏当然完全损毁了博士的作品。为了恢复损毁的地图和照片，看来葛德石博士再进行一次中国之旅是必需的。”[1]

1932年3月16日，商务印书馆正式终止《中国地理》一书的出版合同。何炳松致信声明：考虑到《中国地理》一书的底版已经完全损坏，以及目前公司重新营业遥遥无期，商务印书馆已经无力出版此书。所以“最好我们双方中止已经签订的出版合同，至于您想和美国哪家出版公司继续谈判出版事宜，我们没有必要提出任何异议。”[2]在这种情况下，葛德石只好一方面咬紧牙关，凭借记忆以及带回美国的部分考察笔记，以百折不挠的精神重写《中国地理》；另一方面在美国寻找接洽出版社。纽约著名的麦格劳－希尔图书公司(McGraw–Hill)对出版中国地理一书表示了一定的兴趣，但是认为此书只适合作为亚洲地理教材和图书馆收藏，而目前由于经济萧条，学校及图书馆经费缩减，销量有限，所以除非有机构给予额外的出版补助，才会考虑接受出版。[3] 1933年4月，此前已经资助葛德石1850美元的太平洋学会，宣布第三次资助葛德石500美元，使其继续从事中国地理的写作与出版。同时，纽约的社会科学研究委员会也第二次拨款资助葛德石替换损毁部分。7月，葛德石完成书稿的重写，并与麦格劳－希尔图书公司签订出版合同。后来，葛德石常常提起书稿被毁是件好事，因为重写可以使他写得更好。

不过，当时的葛德石可没有如此淡定。愤怒的他积极准备申诉材料，力争通过美国政府获得日本政府的赔偿。1932年7月，葛德石通过美国国务院提出向日本索要1146.10美元的赔偿，这只是重写书稿的费用，而不是此书的总成本，比如不包括在中国的考察费用。[4]然而日本政府认为葛德石的书稿是在中国控制区被毁，而非在租界范围内，因此拒绝赔偿。[5]葛德石据理力争直至1938年，由于“二战”全面开始，此事不了了之。但是具有讽刺性的是，在葛德石没有授权的情况下，他的《中国的地理基础》部分章节已经译成日文，被日本政府用来教导侵华士兵熟悉中国地理形势。不久又被完整翻译，用以指导日本的占领工作。[6]

1 North China Daily,(《字林西报》)1932年 2月25日
2 Ho to Cressey, Mar. 16, 1932, George B. Cressey Papers, Box 14974, Folder 5, SUA
3 McGraw–Hil to Cressey, Apr. 25, 1932, George B. Cressey Papers, Box 14965, Folder 4, SUA
4 State Department to Cressey, July 10, 1933, George B. Cressey Papers, Box 14974, Folder 5, SUA
5 State Department to Cressey, Apr. 19, 1933, George B. Cressey Papers, Box 14974, Folder 5, SUA
6 クレッシイ著，三好武二译：《満洲 · 支那の土地と人》東京：偕成社，改訂新版，1940.

第二节《中国的地理基础》评价

1934年1月，历经艰辛的《中国的地理基础》（*China's Geographic Foundations: A Survey of the Land and Its People*）终于由麦格劳－希尔图书公司在纽约和伦敦出版。这本长达436页的中国地理著作凝聚了葛德石十年的心血。此书虽名为中国的地理基础，实则包括中国的自然环境、气候与人生活动种种现象。

全书共分为前后两大部分。前六章为概论。第一章中国的地理景观，论述中国的人口与语言分布，古今交通要道，南北不同风俗，人口问题，土地利用和垦务的可能，其中中国农业生活与土地关系叙述尤为详尽；第二章中国的自然形势，论述中国地质变迁历史，山川分布与地形概况；第三章中国气候与人类关系，论述中国四季气候，气候区以及气候与人类关系；第四章四千年之农业民族，论述中国的农业发展，农垦面积，农产分布与各区的农业问题；第五章中国的自然资源，论述中国主要矿藏的类别与分布，矿业与工业的关系；第六章中外关系，论述中外关系的历史，国际贸易，中国进出口货物及数量。此书的后十五章为分论部分，专论作者划分的中国十五个自然区域。每区一章，笔法皆同，其十五自然区名称如下：华北平原区，西北黄土高原区，热辽鲁山地区，满洲平原区，东满山地区，兴安山地区，中亚沙漠及草原区，华中山地区，长江平原区，四川盆地区，江南丘陵地区，东南沿海山地区，两广丘陵区，西南（云贵）台地区和川边区。书中风土照片与格式图表应有尽有。作者除详细列举参考书目和索引外，还把十五个自然区域的面积、人口、密度、耕地、出产等，制成简明表格，系统分明。书末又附一幅中国地形图，标示各区所在，可谓极其完备。

一、创新之处

自19世纪现代新地理学确立之后，西方关于中国的地理著作，在葛德石之前至少有四本。第一本是夏之时的《中国坤舆详志》（*Louis Richard*, *Comprehensive Geography of Chinese Empire and Dependencies*，法文1905年版，英文1908年版）；夏氏曾任上海震旦大学地理讲座数十年，谙熟中国地理，他的分省地理论述详尽精当，当时中西地理书籍尚无出其右者。第二本是勒透的《远东地理》（Archibald Little, *The Far East, 1905*）。夏之时与勒透的著作，在中国自然地理部分如中国之地势及构造、水系山脉及自然植物之分布，著论甚详，为后来者所不及，可谓研究中国地理学术之蓝本。不过，因为当时自然区域研究尚未开始，所以两书的分区讨论，多沿袭政治旧区。而且夏氏似乎墨守旧说，认为地理学为纯粹描写的学问，对人地关系用力较少。第三本是肖恩的《亚洲季风区地理（二册）》（Jules Sion, *Asie des Moussons*, 1928），第一册专论中国，肖氏于人文地理尤多新颖理论。第四本是巴克斯顿的《中国人文地理》(L. H. Dudley Buxton, *China, the Land and the People: A Human Geography*, 1929)，巴氏为牛津大学人类学者，兼攻地理，其书于中国之地史、地形、交通、物产、贸易、文化以及动植物之自然历史均有论述，精彩之处亦不少。肖恩与巴克斯顿之书可谓中国人文地理的缟矢。但是美中不足之处在于，肖氏之书仅属概论性质，过于简略，特别是他仅将中国划分为华北、华中与华南三大区，缺少精细区分。而巴氏则多据罗士培的意见，先叙述各种人生活动现象，然后论述气候与自然区域划分，导致人文与自然的衔接缺乏连贯，而且其书多依据二手资料。此外，日本人西田与四郎曾著有《中华民国地志》(1928 年)，但内容浅薄空洞，无甚可取。至于中国方面，本国地理教科书虽然累累充架，但多蹈袭陈言，误谬满幅，成功著作尚属少见。[1] 葛德石的《中国的地理基础》一书则融各家之长，而去其短，在中国地理分区和地理方法上都甚有独到之处。

1. 区域划分：从政治区域到地理区域

葛德石以自然区域的方法研究中国地理是中国地理学的一大进步。中国地域广袤，地形、气候、水利、土壤与生活方式等各有不一，以全国为单位的概括研究很难得到中国地理的真相，而以行政区域为叙述的单位亦不妥善，因为行政区域易将天然单位分割支离，故分省地理不能将地理与人生的关系充分证明，就如同葛德石在书中指出：一个农民生活在河南或山东的事实，其在地理上的意义，远不及他的农田是在肥沃的平原还是在多石的山地。农民更关心的是谷物产量和适当雨量，而非省的名称。然而，中国地理区域划分，不像政治区划那样单纯容易，因为地理现象和其他自然现象一样，是逐渐推移变动的，并且是连续不可分的。要在此区与彼区之间划定一条明白的界线，实在不易，而在地理学上也有众多困难。首先，精密的地质、地形、气候、土壤、天然植物以及人口分布研究在当时尚未普遍全国各地，综合的地理研究很难着手。其次，地理的要素选择不止一端，难免顾此失彼。最后，地理区域之范围必须大小适宜，太大则失于笼统空泛，太小则失于零碎淆乱。但是何地应合为一个自然区域，何地应分作数个单元，实在没有一定的标准。此外，关于自然区域之间的界线本身在地理学界也是意见纷呈，大致可分为两派：英法地理学者多不赞成划分界线，理由是两个自然区域之间常常并没有一线清晰的分野；而美国地理学家则多赞成划分界线，以便作各项事实统计的区域分析。[2]

中国地理区域的划分并非葛德石首创。葛氏之外，尚有夏之时、罗士培、肖恩、斯坦普、魏格纳、巴克斯顿、张其昀、洪思齐等学者。但是只有葛德石把各区界线清清楚楚地绘在地图上，用以计算各区的土地及耕地面积、人口总数、人口密度、平均年雨量、

1　张印堂：China's Geographic Foundations，《清华学报》1935 年第 10 卷第 2 期，第 518–530 页。
2　洪思齐：《划分中国地理区域的初步研究（摘要）》，《地理学报》1934 年第 1 卷第 2 期，第 1–19 页。

植物生长季日数及各作物生产百分率。不过，正如上文所言，自然区域划分乃是地理研究中最难的一点，所以，葛德石的区划也难免存在牵强之处。最明显的例子是葛德石的热辽鲁山地区，即辽东半岛，山东半岛以及燕山一带。虽然三处的山岭形式及地质构造有类似之处，但因其位置不相连，历史背景，经济发展与外界影响均不同，所以三地的地理景观各异。山东半岛历史久远，人口众多，农业发展精密；辽东半岛，则因日本经济侵略，多为工商之地；而热河山地，交通困难，人口稀少，居民多半农半牧。如果将三区划为一区，就如同把佛罗里达、古巴和尤卡坦半岛三地归为一处。[1] 再如葛德石划分的中亚草原沙漠区，实际则包括河套平原、阴山山脉、蒙古高原、唐努乌拉山脉、科布多盆地、阿尔泰山脉、准噶尔盆地、吐鲁番盆地、天山山脉、塔里木盆地、伊犁平原等十余区，殊觉不当。

2. 地理方法

《中国的地理基础》的第二个贡献是葛德石的地理方法。首先，葛德石始终以人地关系为主线来解读中国。他深信中国人民根植土地之中，中国景观上最终的因素不是土壤、植物或气候，而是人民，到处都有人群的存在。在这古老的土地上，人类的生活深切地受着环境的影响，同样人类也确实改造了并变更了自然。中国的景观很像树木对于它所茁生的土壤一样的密切而总结成一个单位，人和自然不是分离的现象而是一个有机的整体。葛德石深信地理研究，除了理解自然区域中人地相互关系的综合现象外，还需要进一步探讨各区人生活动现象的持久性与变化性，即达到所谓的地尽其利，人尽其才，物尽其用。葛德石在论述中将各区因人地关系而产生的一切现象，均从地理上予以合理解释，另外又提出若干问题与改良环境所应取的方法。譬如关于日本占领下的东北四省，葛德石从地理角度，力言东北四省虽被日本武力侵占，但其居民的文化一切均属于中国。值此中华民族国家观念渐盛，人口繁殖渐多的形势下，中国目前虽不能挽回在东北失去的政治与经济权利，但疆土的恢复，必有成功之日，何况中国无论在文化或工业上都具有在亚洲称雄的地理基础。

其次，葛德石认为地理学是观察的科学，并非室内考据的工作，因此他对实地观察用力颇多，而对于各种间接的材料，他均经过一番慎重比较甄别才予以采用。所以此书在材料的搜集和引用方面，非闭门造车者所可同日而语。除了六年广泛的野外地理考察之外，葛德石依托中国地质学会和太平洋学会的学术网络，凡与中国地理有关系的主要机关和专家的调查、研究、报告、统计等，几乎全为葛德石所用。例如北平地质调查所中国地质、地形、土壤、矿藏的书刊；南京中央研究院气象研究所和上海徐家汇观象台

---

1 Ellsworth Faris, Review, *American Journal of Sociology*, Vol.40, No.3 (Nov., 1934), pp. 379–380

中国气候的报告；南京金陵大学农学系中国农民生活的研究；南京中央政府统计处各省人口分布、土地利用、农作物分布的统计；中华邮政的人口统计和中华基督教协会的人口及语言分布研究等等。此外，地图作为近代地理学的首要工具，向来为葛德石所重视。葛德石在书中配有多幅分布地图，如人口、耕地与物产等。这些精确的地图都是葛德石根据最新资料重新绘制。当然，葛德石书中也存在一些瑕疵，例如个别历史年代错误等。

总之，葛德石《中国的地理基础》一书材料搜集广博，分析各区的地理要素，轻重适当，简明清晰。最难能可贵的是葛德石处处注意自然地理和人文地理的连贯，使读者有一个综合的观念。区域的综合研究是地理学上最难的阶段，只有第一流的地理学家才能胜任。因此，此书中文译者谌亚达也深有体会地在译者前言中写道："我们读了葛氏的著作，总觉得它包藏着一种'朴实率直'的气氛和精神。这气氛和精神，看来很平凡，很淡泊，并容易被我们忽略；而其实这种平淡和朴实，也就正是它的伟大的地方。"[1]

二、国际反响

1934 年，《中国的地理基础》一书首次在美国地理学家联合会芝加哥年会上亮相，就赢得年度最佳地理著作。[2] 不到一年时间，它在中国的销量已至六百册，日本三百册，而美国更是多达几千册。葛德石将综合地理与区域地理结合，以科学的地理方法和长期的实地考察来解读中国，一时国内外地理学界好评如云，仅在英文世界就有十余篇书评。而英国利物浦大学地理系教授罗士培更是以一人之力，分别在《地理评论》、《地理杂志》，英国皇家外交事务所的《外交事务》以及太平洋学会的《太平洋事务》上发表四篇书评鼓吹此书。[3] 葛德石的导师恩克保在克拉克大学地理系主办《经济地理》上的评论指出："此书充分有效地概括中国的地理知识，使中国变得不再陌生。它让西方人感觉到中国如同他们熟悉的英国、意大利、瑞典、西班牙或者荷兰一样，是一块充满了勤劳与智慧人民的土地。他们创造历史，把握进步，掌握未来。…因此此书将会畅销很长时间。"[4] 同时在汉学界，葛德石打破传统汉学以中国历史与文化为主的书写模式，为 30 年代西

---

1 葛勒石著，谌亚达译：《中国区域地理》，南京：正中书局，1947 年，第 2 页。

2 Dr. Cressey Gets Advance Copy of Book , Syracuse Herald, Jan. 5,1934

3 P. M. Roxby, *International Affairs* (Royal Institute of International Affairs 1931–1939), Vol. 13, No.4 (Jul–Aug, 1934),pp.598–600; Roxby, *The geographical Journal*, Vol. 84, No.1 (Jul. 1934), pp.75–77; Roxby, *Pacific Affairs*, Vol.7, No.2 (Jun, 1934),pp.212–215;*Geographical Review*, Vol.24, No.3(Jul, 1934), pp.512–513; E. Edwards, *Bulletin of the School of Oriental Studies*, University of London, Vol. 7, No.3(1934),pp.641–643; John E. Orchard, *The Journal of Political Economy*, Vol.42, No.6 (Dec,1934), pp.826–828; Ferdinand W. Haasis, *Ecology*, Vol.16, No.4 (Oct,1935),pp.655–656; H.C. Brownell, *the Journal of Modern History*, Vol.7, No.3 (Sept, 1935), pp.318–319; Glenn T. Trewartha, *Annals of the American Academy of Political and Social Science*, Vol.173,(May, 1934),pp.210–211

4 W. Elmer Ekblaw, Review, *Economic Geography*, Vol. 10, No.3 (Jul., 1934), pp. 320–321

方解读中国提供了地理学上的范本，其影响正如美国著名汉学家欧文·拉铁摩尔(Owen Lattimore，1900–1989)在《纽约时报》中所评论的那样：“在其简洁扼要地对中国地理叙述过程中，葛德石教授将此领域提升到了一个新的高度。……它应该成为中学、大学、图书馆以及所有对中国经济和贸易感兴趣的人的一个参考标准。此书是建立在通透的知识及全面准备的基础上，它将填补我们一个许久的空白。”[1]

在中国，1934 年清华大学地学系教授洪绂在胡适主编的《独立评论》上介绍《中国的地理基础》一书。他还致信葛德石，感谢他对于理解中国所作的贡献，希望葛氏利用所收集的材料，继续从事中国地理研究。[2]洪绂（1906–1984）又名洪思齐，1932 年法国里昂大学地理学博士，曾师从著名地理学家德马东（E . de Martone)，擅长法语和英语。他的博士论文《茶叶地理》被列为里昂大学地理学院丛书，在法国尼罗研究所出版。[3]洪氏认为葛德石此书贡献有五点：一、中国地理区域的划分和叙述；二、各种产物分布新图；三、应用地理眼光讨论中国社会问题；四、各地理区域考察统计表的搜集和计算；五、中国地理参考书的目录。[4] 1935 年，清华大学地学系另一位教授张印堂在《清华学报》第 2 期上评论此书，洪思齐则在《清华学报》第 3 期上再次撰文评论此书。1936 年，意犹未尽的他又在《地理学报》介绍此书。

可是此书在中国并非尽为赞誉，著名的马克思主义经济学家陈翰笙就对此书极尽批评。陈翰笙（1897–2004），江苏无锡人，曾经留美获得芝加哥大学硕士学位，后在德国获柏林大学博士。陈翰笙主要以马克思主义研究中国农村经济，他在《中国土地问题》中提出中国农村土地分配不均，是导致农业生产力低下和农村贫困的主要原因。陈翰笙的研究受到太平洋学会的大力资助，而且他曾担任《太平洋事务》的副主编。陈翰笙在《太平洋事务》的书评中给葛德石当头一棒。他指出：“葛德石给我们展示了一幅综合的和生机勃勃的画面，揭示了将人与土地联系在一起的不同纽带，他看到了欢乐劳作的农民和最满意的社会关系。当然，辛苦劳作而反叛的大众是如此快乐，实在出其意料。因为他也清楚土地如此之小，又缺少改善资金。但他不关心土地为何如此小，资金为何少。尽管他对中国有近十年的研究，但是他总耽于一个珍贵的偏见即人口压力是事实中的事实。在一处，葛德石博士说饥荒最主要的原因是人口过剩，而另一处又认为罂粟种植排挤了庄稼生产，导致食物匮乏。他建议引入其他经济作物解决鸦片种植问题，可他也承认鸦片种植获利甚巨。有时他会说如果仅仅为温饱计，中国毫无疑问能养活五亿人口，但转眼间他又坦陈中国食物不能自给，每年需要大量进口糖、米和小麦。肤浅和自相矛

1 McGRAW–HILL Ad, George B. Cressey Papers, Box 14973, Folder 9, SUA

2 Hung to Cressey, Dec. 24,1934, George B. Cressey Papers, Box 14959, Folder 28, SUA

3 Yuan, Tung–li, *A guide to Doctoral Dissertations by Chinese Students in Continental Europe*, 1907–1962, Reprinted from Chinese Culture Quarterly, Vol. V, No.3,4 and Vol. VI, No.1 p.9

4 洪思齐：《介绍一本中国地理新著》，《地理学报》1936 年第 3 卷第 1 期，第 203–209 页。

盾很容易导致错误和疏漏。在有关关东移民和南洋移民的部分，葛德石博士告诉我们南洋移民不如闯关东壮观，但移民南洋已持续一个世纪。在他六年三万英里的中国旅行之后，我希望他能坐下花一个小时翻一下 Persia Campbell 女士早在 1923 年出版的《中国苦力移民》一书（*Chinese Coolie Emigration*）。南洋移民被称为资产阶级面纱下的奴隶贸易，可是葛德石博士似乎不欣赏这种苦力贸易，但他们确实促使了欧洲殖民下马来半岛资本主义的迅速发展，在美国西部也是重要因素。”[1] 这篇从马克思主义角度分析的书评，批评葛德石无视中国土地背后的阶级矛盾和帝国主义的影响，反而将之归结为人口过剩。这也暗示了葛德石 1949 年之后在中国的命运。

竺可桢在 20 年代就曾感叹中国地理教科书多罗列内容，没有体现人与地的地理主题。“我国晚近，人文地理教科书遂亦应运而起。此则顺世界之潮流，固为良好现象。间尝考其内容，则诸书中多罗列政治、经济、宗教、教育以及海陆军等种种事实，不加以地理上眼光之鉴别，杂沓汇为一编。俨然若各地之政治、经济、宗教等等，与天然环境，莫不相关。读者终卷而后，仍懵然于人与地之关系。此则与近代欧美所谓人生地理之主旨，大相背谬，不可以不辨。”[2] 这番评论还只是限于中小学地理教材，至于大学的中国地理教材，中国则一直没有。甚至“二战”之后，北平师范大学地理系教授谌亚达还在感慨：“我们至今还没有一册足供大学参考和研究用的中国地理，我们需要一部高级的中国地理，但这个创造工作实在太艰难沉重了。我们不必掩饰，这是一件很惭愧的事。直到今日，科学的中国地理，还是不得不数一数过去几个外国人的著作。但我们仅靠外国人的著作是不够的，它只能形成研究的一面，另外的一面，还得依赖我们自己开拓，我们要学习外人的精神来解释我们自己的国家，把自己住着的土地认识清楚，这是我们不可逃避的职责与义务。一部理想的《中国地理》是应由中国人自己来建立。”[3]

当此中国高等地理教材困难之际，葛德石的《中国的地理基础》一出版，在中国大学和欧美大学的中国地理教学中，都被视作一册珍贵的参考书。1936 年，谌亚达在北平师范大学地理系讲授中国地理的时候，就开始使用葛德石的著作。1937 年，清华大学地学系教授张印堂在《地理研究法》一书中介绍大学适用的通论地理教材，在中国地理部分，他仅推荐葛德石之书。[4]1944 年 –1946 年，孙金铸在北平师范大学地理系读书的时候，邓际可教授讲中国地理，1946 年他转学到清华大学地学系后，张印堂教讲中国边疆地理。这两门课程都是包括自然、人文和经济的综合性课程，没有课本，也没有中国人写的参考书，只有葛德石编著的《中国的地理基础》。直到 1985 年，已是内蒙古大学地理系教

1 Chen Han-Seng, Review, *Pacific Affairs*, Vol.7, No.4(Dec, 1934), pp. 455-457

2 竺可桢：《何为地理学》，原载《史学与地学》1926 年第 1 期，收《竺可桢全集》，第一卷，上海：上海科学教育出版社，2004 年，第 500 页。

3 葛勒石著，谌亚达译：《中国区域地理》，上海：正中书局，1947 年，第 3 页。

4 张印堂：《地理研究法》，南京：正中书局，1937 年，第 23 页。

授的孙金铸受聘于国家教委，主编中国地理的大学教材。他用三年的时间编成《中国地理》一书，当即被指定为大中专用书。至此，中国才有了自己的中国地理大学教材。[1]

第三节 中文译本出版

《中国的地理基础》自1934年初版之后，至1939年已再版至第三版，同年法文译本出版，而日文版也早已出现。虽然中文盗版本也已在坊间流传，例如葛德石本人就收藏有一本中文盗版本的《中国的地理基础》。[2]可是这些盗版本印刷粗劣，谬误百出，汉语世界一直没有正式译本出版。其实，葛德石本人一直在努力寻求出版中文版。1934年《中国的地理基础》英文版刚刚面世，葛德石就开始为中文版本奔走。他不计前嫌，再次找到上海商务印书馆。自两年前遭日军轰炸后，商务印书馆元气大伤。现在正在复苏，急需业务。在与王云五商洽之后，商务印书馆同意只要葛德石找到合适译者，将其翻译成可以出版的中文，商务印书馆即为之出版。

关于译者，葛德石心目中最合适的人选非其学生涂长望莫属。因为涂氏在沪江大学学习地学三年，科班出身，后又留学英国，中英文俱佳，而且为人可靠。此时，涂长望已经应竺可桢邀请正从英国归国，出任中央研究院气象研究所研究员。葛德石首先征求气象所所长竺可桢的同意。在致涂长望的信中，葛德石语重心长地嘱托：此书作为对理解中国的贡献，成本四千美元，耗费十年而成，所以希望涂长望尽心尽力承担翻译，最好能在明年春天完成。一为帮助老师，二为补助自己生活费用。[3]在确定译者之后，葛德石再次与上海商务印书馆签订出版中文译作协议。[4]但是涂长望因为忙于公务以及专业限制，实际并未能从事翻译。1935年底，葛德石不得不再次接洽商务印书馆。商务印书馆表示只要葛德石愿意支付八百元的翻译费用，应该不难找到译者。[5]葛德石可能因为不信任商务印书馆所寻的译者，他转而委托太平洋学会帮助寻找合适的译者。1936年底，太平洋学会打听到一位翁姓的广东人，此人曾为商务印书馆做过翻译，而且他已将葛德石之书的前言部分译出，并表示此书很容易翻译，只是有些地理专业名词比较难译。但至于翁氏的翻译水准到底如何，还有待考查。[6]但是由于随之而来的战争，致使翻译事宜再次中断。

---

1 孙金铸：《我国第一本〈中国地理〉专著问世》，吴传钧，施雅风主编：《中国地理学90年发展回忆录》，北京：学苑出版社，1999年，第747页。

2 Library Directory of Cressey, 1962, George B. Cressey Papers, Box 14965, Folder 1, SUA

3 Cressey to Tu, Oct. 12, 1934, George B. Cressey Papers, Box 14965, Folder 8, SUA

4 Wang to Cressey, Nov. 5, 1934, George B. Cressey Papers, Box 14974, Folder 1, SUA

5 Wang to Cressey, Dec.26, 1935, George B. Cressey Papers, Box 14974, Folder 1, SUA

6 Liu Yu-wan to Cressey, Nov. 27, 1936, George B. Cressey Papers, Box 14965, Folder 8, SUA

1940 年 2 月，一筹莫展的葛德石忽然收到国立西北联合大学地理系主任黄国璋的来函，介绍他的同事谌亚达翻译《中国的地理基础》。谌亚达原为国立北平师范大学地理系教授，他不是为翻译而翻译的。1936 年秋，谌氏在北平师范大学地理系教授《中国区域地理》课程的时候，学生需要一些参考的资料，于是谌氏便着手将葛德石的《中国的地理基础》书中有关十五个地理区域的部分陆续译出，并付铅印，发给学生作课外研读之用。译稿累积至 1937 年，已经有五六万言。卢沟桥事变后北平沦陷，谌亚达不得不放弃所有书籍物件，从北平匆匆动身南归避乱。10 月间，北平师范大学在国立西北临时大学名称下在西安复校。谌氏又受约来校继续讲授中国地理课程，当时正苦于手边没有一点资料。幸运的是，有位叫黄绍鸣的学生在事变前暑假回乡，将他的铅印译稿带回了江苏故乡。而他前来西安之时，又把那份译稿带了回来。因此，谌亚达失而复得，得以在原来译稿基础上参考原文，从事增删修改的工作，数年来又使得译稿增添了一倍以上。于是，谌氏的一位朋友介绍他将译稿交由商务印书馆出版，以便惠及地理学界。但是他认为应该首先征求著者葛德石的同意，因此，在原系主任黄国璋介绍下，他与葛德石取得了联系。[1]

喜出望外的葛德石马上联系谌亚达，表示《中国的地理基础》面世后，英文版已出三版，法文译本也已出版，他一直希望有中文版，从而能使此书被中国学生广泛应用，因为这本来就是为他们而写的书。但是一直苦于无人可担翻译之任。而中国又盗版书横行，目前就他所见已经有三种版本的《中国的地理基础》。这些盗版书籍多粗制滥造，特别是书中插图部分更是不忍卒读，亟需正版中文译本。但是由于过去几年他事缠身，此事遂被耽搁。同时，为了保证高质量的中文译本，葛德石会将原始地图和照片邮寄给商务印书馆，并答应写一个新的中文版序言。在法文版出版的时候，法国方面曾支付了葛德石五十美金的版权费用，但是鉴于中国目前的情况，葛德石免费授予版权。而且，葛德石还将支付谌亚达一千国币的费用作为翻译酬劳，但是条件是翻译必须达到商务印书馆出版的水准。[2]

1940 年 6 月，在回复谌亚达信件的当日，葛德石就致信王云五询问 1934 年与商务印书馆的出版协议是否有效，但一直未收到回信。因为王云五在抗战期间已将商务印书馆转移至香港，而葛德石不知。1941 年 2 月，谌亚达最终完成此书后十五章的翻译，将其命名为《中国区域地理》，并写了一篇翻译前言，相信它不仅对地理专业学生，对整个中国的知识分子都有帮助。[3] 得知谌氏已经大功告成，焦急的葛德石再次致信商务印书馆，希望延续合同，但是仍未见回音。因此，葛德石转而求助太平洋学会，一为鉴定谌氏翻

1 Zhen to Cressey, Mar. 14, 1940, George B. Cressey Papers, Box 14965, Folder 8, SUA
2 Zhen to Cressey, June 5, 1940, George B. Cressey Papers, Box 14965, Folder 8, SUA
3 Zhen to Cressey, Feb. 17, 1941, George B. Cressey Papers, Box 14965, Folder 8, SUA

译的质量，二为联系商务印书馆。太平洋学会认为谌氏学术水平很高，翻译尚佳。同时，帮助葛德石联系到在香港的王云五。[1]

1941年8月，王云五回信表示合同有效。他们很满意谌氏的翻译，将着手出版。于是，葛德石再次与商务印书馆签订出版合同，并戏言相信1932年的事情不会重演。[2]11月，长出一口气的葛德石将专门为中文版而写的前言寄给谌亚达，并希望谌氏尽快定稿，交付商务印书馆。他还附上自己的中文名片，确保出版时中文名字不被写错。[3]但是葛德石还是太乐观了。由于正处于抗战艰苦时期，印刷的困难和人事的蹉跎，竟使此书的出版又比预期延宕了六年之久，直到1947年，名为《中国区域地理》的中文节译本才由南京正中书局而非商务印书馆出版，而且葛德石的中文名字还是被错写成了葛勒石。

在谌亚达翻译此书后十五章专论部分的时候，北平师范大学地理系学生薛贻源在系主任黄国璋鼓励下，正在从事此书前六章概论部分的翻译。薛贻源（1913–1957），福建屏南县人，美国威斯康星大学地理系硕士。1936年考入北平师范大学地理系，1940年肄业在中国地理研究所任助理研究员时，他已经完成了翻译初稿。1943年，葛德石访华任中国地理研究所兼任研究员之际，薛贻源得以当面请教，并将译文重新加以整理，冠名为《中国的地理基础》由开明书店在1945年出版，次年再版。[4]另外，由于《中国的地理基础》一书在民国影响很大，坊间曾有几种译本流行。中山大学地理系主任吴尚时深感出自不同译者的版本，难免有悖原意或表达不准以及文法上欠妥之现象发生，不利于人们对中国地理基础的认识，有必要提供一个更好的译本。于是在1944年葛德石来华访问之前，与好友曾纪经决定将该书重译出版。《中山大学日报》在1944年1月10日曾做过报道。但后因多种原因，该译稿未能面世，至今下落不明。[5]

---

1 IPR to Cressey, Apr. 14, 1941, George B. Cressey Papers, Box 14965, Folder 8, SUA
2 Cressey to Wang, Sept. 12, 1941, George B. Cressey Papers, Box 14965, Folder 8, SUA
3 Zhen to Cressey, Nov. 1, 1941, George B. Cressey Papers, Box 14974, Folder 12, SUA
4 葛德石著，薛贻源译：《中国的地理基础》，重庆：开明书店，1945年，译者序言。
5 司徒尚纪：《吴尚时》，广州：广东人民出版社，1995年，第134页。

第四章 在中国的地理服务（1931–1945）

第一节 江浙地理协调员（1934年）

1933年，老辈地理学家白眉初在《论国本系奠于地理学术之上》指出："何以谓建设大业恃乎地理学术之精纯也？有一分地理学识，夫然后有一分大地上之建设。有十分地理学识，夫然后有十分大地上之建设。……国家根本，在体质上寄于大地，在精神上寄于民心。大地之整理在建设，精神之团结在爱国，建设事业与爱国心灵，胥待滋养酝酿地理学术之中。然则地理学术，谓之为国本学科，至为允当也。"[1] 然而，此时的中国现代地理研究刚刚起步，在地理学尚未成为国本学科之际，葛德石开始利用自己的地理知识，服务中国。

1933年春天，葛德石为美国国家研究委员会作了一系列的远东农村研究，其目的在于阐明远东地区的土地利用、人口拥挤及农业扩张等基本问题。在此基础上，1934年葛德石申请社会科学研究基金再赴中国进行地理考察。在申请材料中，葛德石声称这次考察是1923–1929年工作的继续，其前期成果主要体现在《中国的地理基础》一书之中。现在他计划更详细地检验人类在典型地区的适应性。因为土地利用问题反映了目前中国困境的许多方面，通过地理的区域分析，他希望提供一个更全面了解现实和将来的可能。葛德石计划选定几个典型的地理单元，在每处考察两到三周，研究其地形、气候、土地因素、职业模式、经济活动及历史背景，并绘制详图，从而呈现区域自然和文化景观的全景。

此外，葛德石这次中国考察工作还将与金陵大学卜凯主持的中国土地利用调查密切合作。这个项目是在太平洋学会支持下于1929年拟定的。目前，土地利用调查会已经收集了100多个典型区域的农业和经济条件的统计数据。葛德石负责其中的地理区域部分。

1 白眉初：《论国本系奠于地理学术之上》，《师大月刊》1933年第7期，第11–16页。

所以，这次中国之行葛德石还将为调查会最近出版的数据提供地理评估，同时他本人也能从这些数据中受益。在极少美国地理学者研究中国的情况下，葛德石凭借六年的中国经历和研究成果，顺利申请到基金，再次前往阔别了五年的中国。[1] 为了此次考察，葛德石还花费一百美金购买中国地图，制定详细考察计划，同时还请雪城大学开具介绍信并翻译成中文。“葛德石调查工作包括土地利用，特与南京金陵大学农科联络合作，此种调查工作，其目的在人群如何改良制胜天然环境，故调查时须绘简单地图，裨便明了农村所在地及其天然环境。”[2]

1934年6月1日，葛德石从旧金山前往上海，继续他的中国地理研究。主要是为了细致地解读人与自然间的适应（adjustment）。在抵达上海不久，葛德石就开始了他在长江三角洲的田野工作。上海的夏季相当炎热，三周的平均温度都超过一百华氏度。大多数时间里，葛德石在奉贤县运河的一个船屋内，制作土地利用图。在这个县的滨海低地地区，中国的农民如同荷兰人一样利用堤坝开垦土地。在一平方英里的稻田和棉地中，葛德石统计就有三千农民以此为生。这种农村人口的拥挤是中国生计改善中最严重的问题之一。[3] 此时，葛德石的老朋友金陵大学的卜凯自1929至1933年间，已经调查了中国22省168个地区的近16786家农户，并着手出版一本篇幅巨大的调查报告。所以，葛德石特意前往南京会晤卜凯并交流研究成果，探讨最新中国农业进展以及重叙与政府官员的联系。

1928年国民政府定都南京使江浙两省在政治地理上的重要性空前加强，成为国家政权统治的核心地带。江浙也是南京国民政府能够实施有效控制为数不多的省份，因而也是政府锐意经营的“模范省区”。在国民党人引以为自豪的“十年建设”时期（1927-1937），江浙两省的建设事业确实都取得不小的成就。因此，当葛德石到达上海后，发现中国已经数十年来没有如此和平，旅行如此安全。虽然国民政府存在不少问题，但是各种项目正在进行中，进步是有目共睹的。同时，葛德石也注意到国民政府不同部门和委员会都对农村重建深感兴趣。不过，许多项目或重叠或对各省潜力估计不足，似乎没有足够考虑到地理因素。作为中国地理专家，葛德石的这些意见引起了许多人的注意，特别是实业部中央农业试验所的关注。[4]

实业部中央农业试验所是1932年在南京成立，负责全国农业的研究、调查以及技术

---

1 Cressey's Grant Appliaction to Fieldwork in China, 1934, George B. Cressey Papers, Box 14962, Folder 2, SUA

2 The Chinese version of Cressey's Introducation Letter, George B. Cressey Papers, Box 14966, Folder 18, SUA

3 The Report of Survey in Kiangsu and Chekiang Provinc, George B. Cressey Papers, Box 14969, Folder 20, SUA

4 China Retains Dr. Cressey to make survey, 1934, Newspaper clips, George B. Cressey Papers, Box 14959, Folder 4, SUA

改良的机构，它与金陵大学农学院具有密切关系。金陵大学农学院是由美国教会创办，并受到洛克菲勒基金会的大力支持，为近代中国农业经济研究付出了极大努力。学院的多数教授受业于美国康奈尔大学农学系，例如卜凯和洛夫（Harry Love）等与国民政府往来频繁，他们直接影响到南京国民政府的农业政策。卜凯曾参与中央农业试验所的筹建工作，而洛夫则被任命为该所首任总技师。1934 年，另一位金陵大学农学院教授，康奈尔大学农学博士沈宗瀚出任中央农业试验所总技师。在卜凯引荐下，沈宗瀚邀请葛德石调查江浙两省的自然地理条件，以便为未来的经济建设提供参考。

1934 年 7 月，葛德石被南京国民政府任命为江浙两省特别地理协调员（co-coordinator）。实业部中央农业试验所为其开具通行护照，介绍葛德石至浙江及江苏各地调查地理与农业的自然分布，裨便明了各地农业制度与自然环境及地理的关系，以供参考。[1] 葛德石接受实业部的任命，从而将自己的返美日期推迟至 10 月中旬。7 月 26 日，葛德石从南京至上海，8 月 1 日到达杭州。他通过汽车、轿子、小船、步行等方式，先后考察了金华、丽水、温州、宁波、新昌、长兴、江山、瞿州、严州等地，至 8 月底结束考察，行程近五千公里，花费七百美元。葛德石调查的内容主要包括地形、土壤、气候特征和农作物等。[2]

9 月，结束江浙调查的葛德石又前往华北和北平，继续他细致的土地利用研究。故地重游，北平虽然不是首都，在葛德石眼中仍不失世界上最富有魅力和文化的城市之一。除了研究，葛德石还在燕京大学和清华大学地学系进行了学术演讲，拜会了葛利普、张印堂等。返美前夕，葛德石完成了此次调查的初步报告及支出说明。沈宗瀚对葛德石提供的详细财政说明及调查行程图表示满意。他对葛德石的服务深表谢意，期待正式的书面调查报告。同时表示中央农业试验所将在全国推广这种调查，必要的时候还要向葛德石请教。[3]10 月 25 日，葛德石在结束中国四个月的调查之后回到美国。不久，在江浙考察的基础上，葛德石陆续发表了关于江南地理景观、地貌以及中国地理基础的研究文章。[4]

回到雪城大学之后，葛德石在从事学术研究的同时，还进行演讲，谈论东亚的形势，并根据他在中国半年的所见所闻，上书总统罗斯福陈述对美国东亚政策的意见。葛德石认为美国在东亚的政策，特别是白银买入政策，在中国产生了严重后果，损害了美国的良好声誉和市场。白银买入政策是罗斯福为了摆脱大萧条的经济危机而实行的新政。

---

1 Passort for China trip, 1934, George B. Cressey Papers, Box 14966, Folder 19, SUA

2 Cressey to Shen, undated, 1935, George B. Cressey Papers, Box 14959, Folder 24, SUA

3 Cressey to Shen, Oct. 3, 1934, George B. Cressey Papers, Box 14959, Folder 29, SUA

4 George B. Cressey, "The Fenghsien Landscape: A Fragment of the Yangtze Delta", *Geographical Review*, Vol. 26, No. 3(Jul, 1936), pp.396–413; "the Land Forms of Chekiang", Annals of the *Association American Geographers*, Vol. 28, No.4 (Dec, 1938), pp.259–276; "Foundations of Chinese Life", *Economic Geography*, Vol.15, No.1 (Jan, 1939), pp.95–104

1934年6月美国通过了《白银收购法案》，授权美国财政部在国内外市场收购白银，直至白银价值达到黄金储备的三分之一，导致全球白银价格大涨，使当时最大银本位制的中国全面紧缩，大量白银储备外流，出口贸易严重受挫。葛德石建议美国不要冀望以这种方式来解决大萧条问题，相反，美国应该尽一切努力与东亚保持经济和政治上的相互理解，最大限度地避免冲突。[1]这是葛德石与政治的开始。

1934年之后，葛德石的学术视野开始转向苏联，进而扩大到整个亚洲。1923年葛德石取道西伯利亚前往中国之时，就与苏联有了第一次接触。1937年葛德石到莫斯科参加国际地质学大会，并被聘任为苏维埃大地图集编纂顾问。在苏联政府特别许可和安排下，葛德石再次到苏联的西伯利亚、北极地区以及外蒙古进行了三个半月的考察。[2]返回美国之后，葛德石鼓吹苏联巨大的经济进步和乌拉尔山以东的潜力。这种关于苏联的报告在1937年的美国极不寻常，就如同他后来在20世纪60年代报告中国大陆取得的成就一样。葛德石深知这种做法在政治上不受欢迎，可是他不会为了迎合公众的偏见或展示自己政治正确而隐瞒真相。葛德石后来又出版了关于苏联的著作《苏联国力的基础》(*The Basis of Soviet Strength*)，但是中国始终在葛德石视野之中。葛德石一生从事苏联及中国研究，因为苏联地大，而中国人多，是世界上最有特点的两大区域，他尤其对中国情有独钟。

1937年中日战争爆发后，葛德石密切关注着中国时局及中国地理学者的状况。1938年初，葛德石就急切地询问涂长望抗战形势，涂氏告知中央研究院及气象所转移情况以及目前的工作进展。[3]在1932年日本占领东北之后，葛德石就曾预言中国有朝一日一定能收回失地，并让日本付出惨重代价。1938年在卢沟桥事变一周年之际，葛德石认为非洲小国埃塞俄比亚在抵抗意大利入侵时都表现了极大的决心和顽强的精神。中国无论在地域人口，还是在抗日决心上都远胜埃塞俄比亚，所以日本将陷入一个永远完不成的任务。[4]同年底，葛德石的表哥葛德基，以中华基督高等教育总干事的身份被美国国务院召回华盛顿，参加一个有关美国大学在远东占领区的会议。在返美之前，葛德基已经访问了几所日军占领区的大学，葛德石趁机邀请他在雪城大学演讲美国大学在远东的问题。[5]

1939年起，中国抗战开始进入艰苦时期，葛德石在雪城成立中国平民救助委员会，并任主席。他们当年募捐到1705美元，这些钱足够为中国难民提供136400顿饭。[6]

---

1 Cressey to President Roosevelt, Mar. 19, 1935, Cressey to Shen, undated, 1935, George B. Cressey Papers, Box 14969, Folder 7, SUA

2 Syracuse Herald , July 20,1937, p.3

3 Tu to Cressey, Mar. 26, 1938, George B. Cressey Papers, Box 14959, Folder 29, SUA

4 Salamanca, N.Y. Republican-Press, July 7, 1938, p.4

5 Post Standard, April 16, 1938, p.3

6 Syracuse Herald Journal, January 13, 1940,p. 6

1939年11月14日，葛德石邀请他的朋友，中国驻美国大使胡适访问雪城大学。胡适在雪城大学发表演讲，表示中国的抗战胜利将是世界和平方案的一部分，中国抗战将和欧洲一样持久，但中国已经做好了战斗到最终胜利的准备。[1]晚上，葛德石在家中举行欢迎宴会招待胡适，胡适对葛氏的盛情深表谢意。[2]1942年，已经获得诺贝尔文学奖的赛珍珠成立东西方联合会（East and West Association），旨在推动中国与美国人民之间相互理解，葛德石应邀成为委员。

1941年底珍珠港事件后，美国在太平洋地区全面加入对日作战。谙熟亚洲地理的葛德石被任命为美国国务院，国防部和经济委员会的顾问，每月都要前往华盛顿参加会议。葛德石认为远东战局与欧洲不同，欧洲战区是由英国和苏联共同支撑，而远东只能依靠美国独自挽救，包括战争和战后重建，可是美国目前的准备远远不够，迫切需要了解远东地理，只有充分理解远东特别是中国最基本的环境和文化因素，才能在此基础上分析工业、商业、政府和社会。为此，葛德石建议全面细致地研究中国的地形、气候、耕地、农业、矿产、人口、交通等地理要素。[3]不久，葛德石被委以美国国务院访华教授，再次出访中国。

第二节 美国国务院访华教授（1943–1944）

自1937年抗战爆发以来，中国在远东战区牵制了日军主力，同时也付出巨大代价。为了改善中国未占领地区的生活条件，提高教育水平和鼓舞中国的士气，1942年美国国务院启动中美文化外交项目（Cultural Relations Program）。[4]从1942至1945年间，美国前后共派出30名农业、工业、新闻以及医学等领域的专家赴华。这些援华专家均具有良好的专业背景，在战时中国发挥了积极作用。与此同时，英国也派出了文化代表。

美国文化项目之一就是中美教授互访。1942年10月，国务院希望六所中国大学各选派一名代表到美国访学一年。他们可以通过讲座、演讲或会见方式，引起美国社会对中国教育的注意。1943年，中国政府首批选派吴景超、吴贻芳、晏阳初等六人赴美。至1947年，中国已有二十六名著名学者作为美国国务院客人访美。在中国教授访美之际，中国政府也希望高水平的美国教授来华，以便教育学生和培训老师。葛德石作为研究中国地理的著名学者，凭借对中国及中国学者的熟悉，成为中美文化关系项目的第一位来华教授。美国国务院规定了葛德石在中国期间的任务：

---

1 Syracuse Herald Journal, November 14,1939, p. 6

2 Hu to Cressey, Nov. 20, 1939, George B. Cressey Papers, Box 14973, Folder 1, SUA

3 Cressey to Shoemaker, Jan. 30, 1942, George B. Cressey Papers, Box 14973, Folder 1, SUA

4 The Secretary of State to the Ambassador in China (Gauss), Foreign relations of the United States, 1942, Vol. 1, China, Washington: GPO, 1956, p. 697

（1）主要任务是访问中国大学、演讲和出席会议，演讲包括美国整体学术发展和自己专业——地质地理学。在演讲和谈话中，应强调学术自由的价值，知识系统的完整性，知识广泛的传播和应用。

（2）从美国科学院带一封信给中央研究院，与中研院建立密切关系。

（3）在中国的关系总体分为两类：第一类是与中国教育部及其他政治机构的关系；第二类是与教育及文化机构的关系。这些关系应服务于加强中国民主倾向的目的，希望最终说服政府和相关人员以民主方式思考，促进大学和教授拥有与美国相同的教育观和国际观。

（4）文化关系项目是为整个中国服务的，那些小而偏远，与外国少有接触的学校，应该和重点院校一样得到帮助。旅行计划等到重庆之后制定，但范围要远到福建或新疆。

（5）完成一个对所有中国大学的评估，包括教员、设备、学生及需求等，以及在地质和地理领域的学者。

（6）葛德石博士研究战后中国的经济规划，作为地缘策略的一大部分已经体现在他即将要出版的书中。这些研究涉及了人口分布、土地、农业、矿产、地形等与工业、交通和国防有关的规划。因为这些问题包含政治寓意，在研究和演讲的时候要谨慎措辞，并事先与美国大使馆协商。

（7）国务院希望葛德石不仅从事与他专业有关的工作，而且还要完成其他使命，对中国文化关系项目提出具体建议，包括缩微胶卷、学生交换、大学需求等问题。[1]

葛德石所在的雪城大学与战时首都重庆的关系可以追溯至20世纪初。雪城大学的校友如同耶鲁大学在长沙的雅理项目（Yale-in-China）一样，在重庆与美以美教会共同经营一所医院，一所中学和一座教堂，并将其项目命名为雪夏（Syracuse-in-China）。雪意为雪城大学，夏则代表华夏中国。[2]雪夏的医院为宽仁医院，设在重庆戴家巷，是中国西部历史最悠久的医院之一。1916年曾在未用麻醉剂情况下，为军神刘伯承实施眼科手术。抗战期间，宽仁医院因收治大量伤员，国民政府主席林森专门为其题写院名。雪夏的中学则为求精中学。1932年，雪夏项目就曾向研究中国的新任教授葛德石募捐。1943年，在葛德石前往重庆前夕，由于战时重庆住宿困难，雪夏为他安排了位于求精中学的住所，同时请求葛德石在中国考察期间，帮助雪夏联系一所合作大学，后来葛德石为其推荐了华西协和大学。[3]

1943年11月22日，葛德石作为美国国务院访问教授在印度短暂停留后，抵达重庆。

---

1 The Secretary of State to the Ambassador in China (Gauss), June 25, 1943, Foreign relations of the United States, 1943, China, Washington, D. C.: Government Printing Office, 1956, p.751

2 Syracuse in Asia/China, Box 6091, Speical Collection, Syracuse University Library

3 Syracuse in China, Jan. 14, 1944, Box 6096, Syracuse in Asia/China Archive, Speical Collection, Syracuse University Library

《中央日报》、《大公报》、《新华日报》以及《国民公报》等都给予了报道。11 月 27 日，葛德石致函中央研究院转达美国科学院的诚挚问候，希望与中国发展更密切的学术往来。[1]11 月 30 日，中央研究院代理院长朱家骅复函感谢葛德石带来美国科学院对中研院的问候，并和翁文灏一起邀请葛德石参加在国立中央图书馆举行的欢迎茶话会。[2]12 月 2 日，在重庆的国立中央图书馆，朱家骅代表中央研究院欢迎葛德石作为访问教授，来华推动中美文化合作，并相信葛德石一定能加强两国文化交流。在大约两百人的茶话会上，葛德石拜会了多位政府部长，文化学术以及教育界的领袖。在华期间，葛德石走访大学，研究机构，举行演讲，输送资料。为此，葛德石还被教育部聘为国际学术文化资料供应委员会顾问。[3] 而葛德石的专业及与中国地理学者广泛的联系，使得地理学成为葛德石在中国用力最多的领域之一。葛德石在中国地理方面所做之事包括学术信息交流，出版新著中文译本，从地理角度分析对华政策等。

1. 中国地理研究所

1934 年中国地理学会在南京成立，标志中国地理学术化与制度化的完成。抗战期间，中国地理学基本上与外界断绝联系。但是抗战在一定程度上也促进了中国地理学发展。“近年以来，地理学已渐受社会的重视，尤其因中国抗战与世界大战的影响，地理被认为了解抗战外交与国际问题的常识。许多中小学渐渐注意地理的教学，大学多添设地理讲座，地理方面的出版物亦日见增加。”[4] 中国地理研究所是抗战时期中国地理的最高学术研究机构。中国地理研究所是当时中国唯一的地理研究所，它既不属中央研究院也不属于大学，而是由管理英国退还庚子赔款的中英庚款董事会在董事长朱家骅倡导下于 1940 年拨款建立的。

朱家骅（1893–1963），出身浙江湖州富商世家，德国柏林大学地质学博士。朱家骅与国民党的渊源是因在广州驻留期间与孙中山来往。[5] 朱家骅一生历任中山大学和中央大学校长，浙江省府主席，中央研究院总干事、院长，教育部部长，国民党组织部长等要职，纵横学术、教育、政府和政党之间。作为国民党政府要员，朱家骅对地理学一直倡导重视。1917 年，朱家骅执教北京大学期间，因深感中国地理教育落后，向校长蔡元培建议增设地理学系，但因环境多变，未能实现。1927 年，朱家骅参与中山大学校务，当时中大尚未设置地理系，他于是选派经济、地质和历史系的优秀毕业生前往西欧学习地理，培养地理人才。1928 年，他与中山大学校长戴季陶一起上书中央，请求在国立大学理学院添

1 Cressey to Academia Sinica，Nov. 27，1943，George B. Cressey Papers，Box 14973，Folder 11，SUA
2 Chu to Cressey，Nov. 30，1943，George B. Cressey Papers，Box 14974，Folder 13，SUA
3 1943 年 12 月 16 日教育部长陈立夫聘请书，George B. Cressey Papers，Box 14974，Folder 13，SUA
4 《重庆大公报》1942 年 6 月 8 日 -9 日
5 杨翠华：《阮维周先生访问记录》，台北：台湾“中央”研究院近代史研究所，1992 年，第 58 页。

设地理系，至少应在重要大学首先增设。中山大学地理系于次年秋天成立，他延聘教授，并减免学费，以资鼓励。1930年，朱家骅担任中山大学校长，他将地理系由文学院改属理学院，以便利教学与研究。同时增加自然地理研究，训练学生野外考察技能。自是风气丕变，新地学始为我国学术界所重视。九一八事变后，国防经济建设工作日益重要，地理人才短缺，朱家骅主持的中英庚款董事会在1933年选派第一批留学生时，就为地理学预留两个名额，以后相沿。[1]至1940年，中英庚款一共选派了丁骕、林超、任美锷、李旭旦、鲍觉民、徐近之、罗开富、李春芬等十二人至英美大学专攻地理。他们均学有所成，成为日后中国地理学界的中流砥柱。[2]

1937年抗日战争之前，朱家骅担任中央研究院总干事，准备在中央研究院建立地理研究所。他委托李四光筹备，在庐山修建办公房屋，并请英国格拉斯哥大学留学归来的丁骕驻庐山监修。抗日战争全面爆发后，中央研究院各所内迁重庆、桂林等地，地理所的筹建工作被迫停顿。1939年，李四光辞去了筹建地理所任务，丁骕也转到重庆的中央大学地理系任教。[3]同年9月，中英庚款董事会决定以黄国璋为所长创办中国地理研究所，经费八万。朱家骅还就地理所研究范围和计划向李四光征求意见。[4]1940年3月，中国地理研究所在重庆北碚成立，下分自然地理、人生地理、大地测量和海洋四组。在抗战时期，中国地理研究所在西南和西北地区开展了广泛而深入的地理考察，发表了一系列的重要成果，代表了抗战时期中国地理研究的最高水平。[5]1943年12月，朱家骅聘请访华的葛德石为中国地理研究所兼任研究员。[6]同时，葛德石申请加入了中国地理学会。

战时中国，书籍资料奇缺。美国和英国为了减轻运输重量和节省运输空间，只输送缩微胶片。1944年在重庆的英国军官罗伯特·佩恩曾在日记中写道："缩微胶片成为唯一与外界联系的方式。没有它们，我们一无所知。因此对它们的到来我们都万分感激。今年我们没有收到一本书籍，只有几本辗转而来的宣传杂志被放置在空旷的书架上。"[7]可是缩微胶片的使用有诸多不便。英国驻华使馆科学参赞李约瑟就坦言："中国没有人愿意使用缩微胶片，因为缺少电源或者电压不够。而战时又难以生产高质量的阅读机器。所以，当镜头或灯泡丢失或者损毁时，数月都无法得以更换。"[8]1944年2月，葛德石走访西

1 朱家骅：《中国地理研究之重要》，《地理》1942年6月第2卷第1、2期合刊，第1页。

2 周琇环编：《中英庚款史料汇编》中册，台北：国史馆印行，1992年，第391–398页。

3 施雅风：《从中国地理研究所到中国科学院地理研究所》，吴传钧，施雅风主编：《中国地理学90年发展回忆录》，北京：学苑出版社，1999年，第238–240页。

4 1939年12月27日，朱家骅致李四光信，桂林，《朱家骅档案》馆藏号：301–01–12–013–02，台湾"中央"研究院近代史所档案馆藏。

5 李承三：《中国地理研究所的六年和将来》，重庆：中国地理研究所印行，1946年。

6 Chu to Cressey, Dec. 7, 1943, George B. Cressey Papers, Box 14974, Folder 13, SUA

7 Robert Payne, *Chungking Diary*, William Heinemann LTD: London and Toronto, 1945, p.522

8 Joseph Needham and Dorothy Needham Edited, *Science outpost: Papers of the Sino-British science co-operation office*, 1942–1946, London: the Pilot Press LTD, 1948, pp.60–61

南联合大学的时候，发现联大在四间黑暗的小屋内各有一台投影仪，同时还有一定的缩微胶片。但它们只在有限的范围内使用，人们经常抱怨投影仪聚焦不准，使用不便，阅读时眼睛容易疲劳等问题。[1] 为此葛德石请求美国国务院尽量输送纸质的书籍杂志。

在葛德石兼任中国地理研究所研究员之际，地理研究所希望葛德石能从美国国会图书馆和其他地方寻求地理书籍，并让在美国进修的徐近之代表地理研究所接洽此事。[2] 葛德石请求美国国务院通过海运给中国地理研究所邮寄了 1939 年以来的《地理评论》(Geographical Review) 和《美国地理学家协会会刊》(*Annuals of the Association of American Geographers*)。[3] 1944 年 6 月，葛德石为复旦大学史地系（北碚）寄去美国地理学新书目录，系主任任美锷致信感谢。[4] 同时，葛德石给在遵义的竺可桢赠送了五期美国《地理评论》和《地理学家协会会刊》。竺可桢收到后，感觉“如贫儿骤富，迎接不暇”，并从上得知他在哈佛大学的导师已于去年过世。[5]

葛德石不仅带来地理书籍资料，还带来美国地理学会致中国地理学会的问候。美国著名地理学家，会长拉夫 · 布朗（Ralph Brown）在信函中表示 :“美国地理学会非常高兴通过葛德石教授转达对中国地理学会的问候，这是在今年 9 月 16 日华盛顿第四十届美国地理学年会通过的决议。地理在战争中发挥了巨大作用，目前有超过两百名地理学者在华盛顿的不同部门效力。不过，当地理为政府服务的时候，它仍保持了独立性和学术性。葛德石教授会详细地转告当今美国地理学潮流，我们祝愿你们能够通过缩微胶片阅读到最新学术进展。地理学的兴趣毫无疑问是全球的，它在土地规划、经济重建以及战略上都有现实意义，可是它也保持了在文化和自然科学的重要性。我始终希望地理学在中美两国都能为胜利做出贡献。同时，我们很高兴了解你们的地理研究进展。”[6]

1943 年底，葛德石访问国立中央大学，并做了三场公共演讲，分别是《亚洲地理（农业土地和矿产分布)》,《航空时代的地缘战略》以及《如何打败日本（地理角度)》，中央大学有几百名师生聆听了演讲。随后，葛德石还在中央大学地理系举办了学术讲座。[7] 与此同时，中山大学校长金曾澄在地理系主任吴尚时请求下，邀请葛德石访问中山大学，指导地理研究。[8]1944 年 1 月，吴尚时再次以私人名义致函敦请。3 月，葛德石应邀在位

1 Wilma Fairbank, America's Cultural Experiment in China, 1942–1949, Cultural Relations Programs of the U.S. Department of State, *Historical studies*: Number 1,1976, p.48

2 Cressey to Wilma, Dec. 24,1943, George B. Cressey Papers, Box 14973, Folder 11, SUA

3 Cressey to State Department, Dec.27, 1943, George B. Cressey Papers, Box 14973, Folder 11, SUA

4 Ren to Cressey, June 10, 1944, George B. Cressey Papers, Box 14973, Folder 1, SUA

5 竺可桢 :《竺可桢日记 :1943–1949》，北京 : 人民出版社，1984 年，第 763 页。

6 American Geographic Society to Chinese Geographic Society, Sept. 25,1943, George B. Cressey Papers, Box 14966, Folder 9, SUA

7 Memorandum from George B Cressey, Dec. 31, 1943, George B. Cressey Papers, Box 14974, Folder 17, SUA

8 Jin to Cressey, Dec.,14, 1943, George B. Cressey Papers, Box 14973, Folder 14, SUA

于石坪的中山大学理学院做了题为《地理学与地质学之新发展》和《中国在航空时代之地位》的两场学术报告，地理系师生七十余人参加报告会。会前，葛德石还参观了两广地质调查所和地理系，对地理系教学和研究成果表示很大兴趣。报告以后，地理系还举行了座谈会，师生深有得益。就是在这次访问中，葛氏看中青年教师曾昭璇，后来将其举荐给雪城大学地理系当讲师，可惜未成行。[1]

在中国短短几个月的访问中，葛德石走访了几十所大学，几乎与中国的每个地理学者都保持联系，通过地理书籍和讲座等方式为中国地理学者带来最新的地理学信息。葛德石的工作赢得了中国地理学会的一致评价。为了感谢葛德石的贡献，教育部长陈立夫赠送葛德石一卷画，一幅陈题写的“文化互助”手幅，陈本人的一张照片以及孙中山的书籍，作为纪念。[2] 在葛德石返回美国之际，中国地理学会委托葛德石转达致美国地理学会函：

中国地理学会致美国地理学会 函[3]

中国重庆

1944 年 6 月 5 日

主席：胡焕庸 秘书：李旭旦国立中央大学 重庆

委员：翁文灏 会计：朱炳海

李四光 主编：张其昀 国立浙江大学 遵义

竺可桢

任美锷

涂长望

张印堂

黄国璋

李承三

致全体美国地理学同行：

中国地理学会非常荣幸通过葛德石教授收到美国地理学会的信息与问候。地理学作为一门现代科学，在中国的历史很短。1929 年，第一个地理学系在国立中央大

1 司徒尚纪：《吴尚时》，广州：广东人民出版社，1995 年，第 147 页。

2 Minstry of Education to Cressey, June 9, 1944, George B. Cressey Papers, Box 14966, Folder 9, SUA

3 Chinese Geographic Society to American Geographic Society, June 5,1944, George B. Cressey Papers, Box 14966, Folder 9, SUA

学成立。在此之前，地理只是地质学一个分支。在 1929 年至 1937 年间，中国地理的研究与教育都取得相当的进展。中山大学、北平师范大学、金陵女子大学等纷纷建立地理系，添置书籍和设备，聘请欧美教授，开展边疆考察。官方与大众对地理的兴趣都与日俱增。1934 年，中国地理学会在南京成立。自 1935 年出版《地理学报》（季刊）直至抗战爆发。战争阻碍了地理学的发展，但是地理学的重要性得到广泛认可。更多的人投身地理，中国地理学会会员目前已增至三百余人，但相对中国广阔领土的地理问题，这仍十分不足。最近三年，地理学者积极参与政府工作，他们效力于交通、区域规划及经济部门。

我们相信中国一定会拥有自己的地理学，同时中国地理学者一定能承担研究自己国家及相应问题的责任。不过，我们也深感地理学者人数不足。我们需要和培训更多更好的地理学者来从事战后全国范围内的重建。这也是目前我们许多地理学者投身大学地理教育的原因。我们期望你们予以指导与合作。

葛德石教授是我们真诚的朋友。在这次短暂的访问中，他考察了许多地方，几乎与中国的每个地理学者都保持着联系。他给我们带来了你们工作的详细说明，同时也了解了我们的进展。我们请葛德石教授转达我们深深的感激和敬意。

最后，我们衷心感谢你们赠送截至 1942 年底的《美国地理学家协会会刊》。

李旭旦
中国地理学会 秘书

2.《亚洲之地与人》中文译著出版

在中国地理研究所期间，由于《中国的地理基础》的总论部分已由北师大地理系的薛贻源将初稿译出，而薛此时正在中国地理研究所做助理研究员。葛德石便帮助其订正译稿，最后由薛贻源重新加以整理出版。[1]1944 年 5 月，葛德石另一本有关亚洲地理的重要著作《亚洲之地与人》（*Asia's Land and People*）同样由麦格劳－希尔图书公司在美国出版。不久就被美国一百多所大学作为地理教科书，其中不乏芝加哥大学、哥伦比亚大学、斯坦福大学和耶鲁大学等名校。它被视为当时亚洲地理领域最优秀全面的著作。此书共十四章，除前两章专论太平洋盆地与亚洲之大陆型外，其余分为中、日、苏、西南亚、印度与东南亚六大区。内插有图表照片多帧，颇为醒目。著者对亚洲地理之认识甚为熟谙，见解亦颇正确。关于中国在亚洲及西太平洋上未来地位之重要，特别同情注

1　葛德石著，薛贻源译：《中国的地理基础》，上海：开明书店，1946 年，译序。

视。[1]

1940年，获得英国爱丁堡大学地形学博士的徐近之，因战时回国受阻，遂绕道美国，在哈佛大学和哥伦比亚大学等地游学六年，得以结交葛德石。徐近之（1908–1981），四川江津人。1922年入重庆求精中学，1927年考取东南大学地学系。毕业不久被竺可桢派往拉萨，建立第一个青藏高原气象站。1938年徐近之考取中英庚款，前往爱丁堡大学攻读博士。因为与葛德石的关系，在此书未付梓之前，徐近之便得以先睹为快。出版之后再读，觉其影响恐有过于《中国的地理基础》。因此徐近之在《地理学报》上专门介绍此书，盛赞葛德石对中国的欣赏。“著者为中国之友，既有专著论述中国，复与此书中国于分区叙述之首，且谓中国人为最富友谊与民主之人民。”[2]而书中中国部分也得到在美访学张其昀的指正。张其昀（1901–1985），字晓峰，浙江鄞县人，竺可桢的高足之一。1923毕业于国立南京高等师范学校，1927年起执教国立中央大学地理系，1936年受聘浙江大学史地系教授兼主任，1943年受美国国务院之邀，在哈佛大学访学一年。

鉴于此书的重要性，葛德石计划利用这次访华机会出版中文译本。1944年5月，刚刚拿到样书的葛德石，就致信王云五说明此书包含许多战后重建的内容，有意出版中文本。王云五提出由葛德石负责落实中文译稿，在完整的译稿通过政府审查后，商务印书馆保证在六个月内出版此书。[3]在取得商务印书馆的出版保证之后，葛德石当即致信西南联合大学地理系教授张印堂协商翻译事宜。张印堂（1903–1991），山东泰安人，1929年毕业于英国利物浦大学地理系，师从罗士培获得地理学硕士学位。1933年起执教清华大学地学系，1938年张印堂出任西南联合大学地质地理气象学系教授兼地理组组长。张印堂在人口地理与边疆地理上都有较深研究。因为张印堂曾在罗士培指导下研究蒙古，与葛德石兴趣相似，所以葛德石与之早就相识。1933年张印堂《内蒙古的经济发展》一书英文版出版，葛德石在《地理评论》的书评中指出张氏很熟悉中国方面的材料，特别是历史地理，可惜没有实地考察。[4]1934年，张印堂在《清华学报》也详细评论了葛德石的《中国的地理基础》一书。

对于翻译一事，葛德石表示：“除去二十年的考察和研究之外，《亚洲之地与人》集中代表了我过去五年工作成果，因此它耗费了相当的时间和金钱。可是我很乐意，因为能为亚洲的地理做出贡献。这不是一本营利之书，而是心甘情愿的付出。我希望您能以同样的精神从事本书的翻译。我愿意提供两百元的翻译费用，但是应商务印书馆的要求，此书必须在1944年底前交稿。”[5]张印堂提出此书将由西南联大地理系助理刘心务在他指

---

1 葛德石著，张印堂，刘心务译：《亚洲之地与人》，上海：商务印书馆，1946年，译者序。
2 徐近之：《评葛德石之亚洲土地与人民》，《地理学报》1944年，第46页。
3 Wang to Cressey, May 22, 1944, George B. Cressey Papers, Box 14974, Folder 12, SUA
4 George B. Cressey, Book Review, *Geographical Review*, Vol.25, No.4 (Oct, 1935), p.698
5 Cressey to Chang, May 23,1944,George B. Cressey Papers, Box 14974, Folder 12, SUA

导下翻译，但是由于昆明生活费高涨，希望将翻译费用增加至两百五十元。如果葛德石不同意，可以转由黄国璋主持下的中国地理研究所承担翻译，因为重庆的生活费用相对便宜。[1] 关于两地生活费用比较，张印堂此言不虚。据当时经济学家方显廷言：战后生活费用同战前相比，昆明上涨了300倍，但是在重庆只上涨了150倍，这主要是因为进口货物需要经过长距离迂回绕行，方能运抵昆明的缘故。[2] 葛德石同意增加翻译费用，因为他相信西南联大地理系可以翻译得更好。葛德石期望的是一个精致的中文译本，因为他的英文版本是精雕玉琢的。[3]

1944年6月，葛德石与商务印书馆签订《亚洲之地与人》的出版合同，由张印堂负责翻译，他将在8月、10月和12月，分三次将译稿交给商务印书馆。[4] 实际上，张印堂只翻译了前两章概论部分以及中国部分，其余的由助教刘心务翻译，并由张氏修正全部译稿，拟于1945年春完成。但是张印堂不幸生病，所以一直延搁到秋季才完成翻译。1946年，张印堂和刘心务合译的《亚洲之地与人》由上海商务印书馆出版，至1949年已经出至第三版。这也是葛德石自1929年与商务印书馆首次签订合同之后，商务印书馆为葛德石出版的第一本书，也是唯一一本。1947年，商务印书馆将两百余万元的版税存入葛德石在上海的银行账户，然而国币日益贬值，例如仅在1947年4月30日一天，国币与美元的汇率便由12000：1变为50000：1。可是国民政府为了遏制日益恶化的通货膨胀和挤兑风潮，禁止将钱从中国提出或兑换为美元。[5] 因此，葛德石只能眼看着自己的存款缩水。随着国内局势的恶化，大陆易帜，他最后是否拿到这笔“版税”就不得而知了。

3. 地理策略（Geostrategy）

在《亚洲之地与人》中，葛德石每专篇或专段首先论述地理策略（Geostrategy）。地理策略这一名词，为葛氏所创，盖受20年代德国的地缘政治（Geopolitic）影响，其言国家战略，万难与地理脱离关系。葛德石认为当今世界，没有地区和平，就没有世界和平。地理策略由十项因素决定，即国家的大小、形状、可入性、位置、界限、与海洋的关系、地形、矿物、气候以及国民。[6] 此书第九章《新世界中之中国》集中体现了葛德石的中国地理策略，他主张如果希望东亚永久和平，首先中国必须强大。“中国对战争无准备，对和平之要求亦无准备，幸国人注意。彼于孙中山先生之实业计划，表示崇敬，谓战后中国之发展，须获外援云。其论中国地理策略，以为中国似不致于未来威胁世界，盖中国

1 Chang to Cressey, May28,1944 George B. Cressey Papers, Box 14974, Folder 13, SUA
2 方显廷著，方露茜译：《方显廷回忆录》，北京：商务印书馆，2006年，第119页。
3 Cressey to Chang, June 3, 1944, George B. Cressey Papers, Box 14974, Folder 13, SUA
4 Cressey to Wang, June 3,1944, George B. Cressey Papers, Box 14974, Folder 13, SUA
5 Post Standard, July 8, 1947, p.5
6 Geostrategy, Dec.22, 1943, George B. Cressey Papers, Box 14973, Folder 23, SUA

人皆好和平与民主，中国无统治世界之地理因素也。”[1]

在中国期间，葛德石走访各地，了解中国现状。他在1944年1月访问了西南联大、云南大学、昆明铁厂、个旧锡矿和遵义的浙江大学，2—3月访问了广西大学、两广地质所、中山大学、岭南大学、厦门大学，4月访问了成都的华西协和大学、燕京大学、齐鲁大学、金陵女子大学、武汉大学等，5月访问了重庆的中央机器厂、中央政治所，6月又至西北访问了甘肃的石油工业和西北大学等。在访问的同时，葛德石不断从地理角度发表对战争以及战后重建的看法。随着访问的深入，更多的问题被暴露出来。葛德石发现中国大学的办学水平下滑速度令人吃惊，主要因为缺乏设备，财政困难和战争萧条，只有几所美国的教会大学还差强人意。工业在技术方面有了很大进步，可是被交通和通胀所限制。政治上重庆政府则有法西斯的倾向，国民党逐渐失去知识分子的拥护。[2]

葛德石的言论和举动招致了美国驻华大使馆的不满。因为美国国务院已经规定了葛德石的领域主要在文化教育方面，禁止直接涉及政治，所有的相关研究和演讲必须由美国大使馆事先审查批准。[3]葛德石自己更是不满，他认为自己不是外交官，不受外交规则束缚。虽然暂时为政府雇员，但是自己本身是大学教授，因此不需所有的公共言论都要由大使馆允许和批准。虽然在美国驻华大使的坚持下，美国国务院规定了葛德石除了学术之外的研究，任何与政治牵连的公共言论都必须经由美国驻华大使馆批准。但是葛德石抵达中国后发现，他所有的言论都无法脱离政治，因此动辄得咎。他猜测美国驻华大使实在是想让他保持沉默，但若如此，访问教授就失去了意义。[4]

而重庆政府对葛德石也是防备有加。蒋介石知道葛德石作为美国国务院访问教授来华一事，可是当他了解到葛德石在中国有六年的考察经历之后，他命令朱家骅在葛德石旅行时候，必须有人“陪伴”，防止发生意外，损害中美关系。葛德石评论道：“我不是十分确定这是好意还是将我视为间谍。我希望尽力摆脱它，可是我的朋友们说如果他们不执行命令，将会陷入麻烦。”[5]葛德石的困境与同驻重庆的中英科学合作馆馆长李约瑟形成鲜明对比。虽然隶属英国大使馆，李约瑟可以完全自由地演讲和考察，没有外交限制。而且李约瑟在重庆配有办公室和一辆雪佛兰卡车。为了方便外出考察，他还有两个秘书和相关设备，因此李约瑟在中国一年，就提供了许多重要的科学设备和书籍。这都成为葛德石羡慕的对象。[6]

1944年6月，葛德石的直言不讳遭致国民政府和美国驻华使馆对其都有意见，美国

---

1 徐近之：《评葛德石之亚洲土地与人民》，《地理学报》1944年，第46—47页。
2 Prmelimenary report , Apr. 12, 1944, George B. Cressey Papers, Box 14974, Folder 18, SUA
3 Stated Department to Cressey, Dec. 16, 1943, George B. Cressey Papers, Box 14973, Folder 14, SUA
4 Cressey to Wilma, Jan. 5, 1944, George B. Cressey Papers, Box 14973, Folder 11, SUA
5 Cressey to Wilma, Feb. 11, 1944, George B. Cressey Papers, Box 14973, Folder 14, SUA
6 Memorandum from George B. Cressey, Dec, 24, 1943, George B. Cressey Papers, Box 14974, Folder 17, SUA

国务院意识到葛德石不宜从事外交活动，因此将其提前召回。[1] 在返美前夕，摆脱束缚的葛德石终于可以畅所欲言一回，将积于胸中多日的意见闻知天下。为此，葛德石发表了一封长达二十余页的公开信，从战争、战后重建、国际关系、政治政府和教育五个方面阐述对中国问题的看法。在信中，葛德石首先阐明此信是作为中国的一位忠实朋友而写的，是根据他过去几个月在中国九省考察时候的所见所闻而写。他既不叙述所有一切优点，也不批评缺点，而是实事求是地分析问题，提供解决问题的建议。以下为葛德石公开信的摘要：

（1）**战争**

中美两国并肩作战。虽然胜利在望，但尚需时日，不能掉以轻心。我们必须承认日本士兵装备精良，富于忠心和智慧，中国军队虽然作战英勇，但不能自保其身，并且缺乏单独的创造力，所以中国军队的重建势在必行。多数中国士兵还在冻馁之中，他们不能使用现代的装备，需要加以训练。例如由美国训练在缅甸作战的中国军队表现优良，由此可知兵贵精而不贵多。若中国有精兵良将又能指挥统一，胜利则指日可待。

中国不能借其一已之力获胜，美国愿意提供援助，但是中国的傲慢与缺乏组织，使得有些外国观察家看来，仿佛表示中国不愿接受援助与真实合作。美军跋涉半个地球，冒生命危险来华，却发现应付中国官吏比应付日本军队还难。中国人民在战争中遭受巨大的损失，但官僚的反应仍与军阀斗争时一样，仅为一种人事之纷争。人民希望战争很快结束，但彼等对此却甚少努力。日本经常讽刺中国为一地理名词，而非一统一国家，其言非常真实，如果中国欲求得最后的胜利，必须首先发扬民族精神，增加国家之团结，真诚与美国的合作，将战争周期缩短，挽救万千人的生命。

（2）**战后重建**

中国的战后重建，可以采用类似苏联的五年计划，但不能直接抄袭。中国的问题是要国家各部分得到平衡发展，保证国家安全。第一需要是运输业，战后中国需要成百上千列火车，并须十年之内建筑数千公里的铁路，这样才能保证战后最基本的物质需要。第二需要为重工业，中国需要凭此建造铁路、化工和机器。重工业依赖矿业，而矿业则有赖于地质学。在一切计划之上需要各种专家之合作，矿脉间相互关系，土地用法，与交通整理及市场位置等，皆属地理学家之任务，不幸地理学在中国却并不如此发达。第三需要为农业，农业直接关系中国四分之三以上人民的生计，优良的种子与较好的耕种方法是此问题中的最主要者，但是农业问题最大的困难是人口过剩问题。总之，战后重

1 Wilma Fairbank, *America's Cultural Experiment in China, 1942–1949*, Washtington, DC: Bureau of Eudcational and Cultural Affairs, U.S. Department of State, 1976, p.92.

建不仅是国家计划委员会之事，而且需要全民的智慧与参与。

（3）国际关系

中国以其位置、人力和煤矿优势，如果加以时日，必定成为太平洋地区的强国。但是中国缺乏足量的矿源，专门的技术人才和领袖，所以，中国必须决定采取自足主义还是国际合作主义。中国由于近代遭受帝国主义而心有余悸，但是不能将中国的贫弱全部归结于帝国主义。当今世界，中国或在其他任何一国，均不能单独解决国际问题，解决国际问题最安全之程序是沟通协议。中美两国彼此均有好感，美国希望继续扩大与中国全体人民的善意合作，相信美国必将继续其对中国之友谊，但双方的接触需要更多的智慧。

（4）政府

南京国民政府在1928年取得政权的时候，是一个为知识分子热忱拥护的政府。今日它退步至极端保守之境。中国的问题不是逐渐官僚化，而是应建立一种民主之制度。极少数人掌握极大之权力，而此辈人多庸弱无能，假公营私，真正才智之士却没有成为政治家的途径，这是中国的一个主要困难。真正的领袖保持其地位，必须源于人民的尊敬与信任，其获得权力亦应由于本身的才干而非凭借武力。

国民党今日的政策在外人看来，是过分的军事做法与纳粹观念。中国的许多外国友人，对于中国政府日益增加的独裁性，表示严重的忧虑。中国政府应该根据宪政原则加以改进，不能以一党一派的利益为前提。中国人民需要言论出版自由，需要无特务机关检查的自由，人民能公开批评政府，不论其意为建设性的或破坏性的，对于人身自由要少加干涉，应提高教育程度，并成立代议政治。此则需要勇气，尤其需要勇气相信人民有权统治自己，人民应该学习统治自己，更要有勇气坚信人民重于国家，人权高于一切。

（5）教育

大学是优良政府的柱石之一，亦是自由的重要保障，但是大学必须自由。学术自由不特是学者应有的权利，也是一切进步的原素。一座真正的大学，乃为全人类的共同福利而存在，绝非用作宣传与布置，编制与标准只能摧毁人类的创造能力。然而，中国的教育正强烈趋向表面化与形式化，例如着重军事训练、内务整理以及纪念周等。此等事务反而重于智力的充实与保持、真理的信仰与社会的自觉。

战时中国的大学在极度困难下工作。在此期间，学术品质大为退化，或仅及战前的一半，此乃由于缺乏图书馆与实验室设备，学生因通货膨胀而知识道德与健康，均日趋衰退，以及减少有价值的选修课程所导致，战时中国的大学对战争的贡献有限。而中国战时的通货膨胀使教育陷入悲惨的境地，多数学校如无教育部财政补助即将停办。可是国立大学之多，实在已经超出国民政府所能负担的能力范围。中国今日最严重者，无过于优良的私立大学日趋减少。

中国教育的需要是多方面的。中国急需大量之工程师以及其他各种专门人才，她亦需要经济学家、心理学家与政府官吏。例如一巨大的机械工程发生困难，可以求助于外国专家，但若政府发生重要的政治问题，则中国必须产生其自己的政治家。所以，中国最大的需要不是技术，而是德行、忠心与勇气。中国工程师已在艰难中创立巨业，将来必更能发展。唯中国是否能解决其政治问题，乃是令人置虑的事实。[1]

葛德石首先将公开信送给了竺可桢等人传阅。1944 年 6 月 29 日，竺可桢在遵义的雨天中阅读了这封公开信。“内中对于中国政治、教育、工业、财政攻击不遗余力，而尤对于中国政治趋势之向独裁，谓国民政府初到南京时倾向于开明，而近年则一味学纳粹。对于大学在战时未能尽力，亦加以攻击，谓即使有四分之一学生死于战场上，而民主主义若能胜利，未始非福。谓有若干美国远征军所作之事，中国人均缓为之。对于独党专政实所不解。对于建设，主张铁道，重工业，农业与出口物资四者。”[2] 这也可见葛德石犀利的措辞与批评，令一向不党不私的竺可桢都有微词。

一位匿名的中国公民在致葛德石信函中，更是进行了系统反驳。首先：中国军队和政府不欢迎外国的合作与帮助，也许是正确的，可是他们同样不欢迎知识分子。原因很明显，军队里大多数都是不识字和无法表达的平民，这样容易容忍腐败、贿赂、盲从和背叛。他们容不下有知识和表达能力的学生。只有最近政府才鼓励学生参军，但只局限加入了三民主义青年团的学生。所以指责学生因未参军，从而对抗战没有任何贡献是有失偏颇的。其次，中国军队没有知识，无法使用先进武器，只是赤裸的英雄主义也许是事实。但中国并没有坐等胜利到来。战争胜利需要强制兵役全面动员，提高军队物质与文化水平，装备装甲武器和空军，遏制通货膨胀。最后，中国政府在三民主义指导下是民主的，而非独裁。在工业上，中国可能成为不了一流的工业大国，因为铁、石油和其他重要矿物的缺乏，可是科学技术进步也许能予以解决。在教育上，中国学生和教师一直在追求民主，战后将派遣留学生提高中国教育水平。[3]

1944 年 6 月，葛德石再次取道苏联返回美国。而雪城大学地质地理系在此期间已经分成地质系与地理系。葛德石被任命为地理系主任，校长托雷许诺为葛德石建设美国最好的地理学研究中心提供一切可能的支持。战后，雪城大学地理系成为葛德石服务中国的舞台。

1　葛利士：《一个美国朋友给中国的一封信（中英文）》，1944 年 5 月，George B. Cressey Papers, Box 14973, Folder 10, SUA.

2　竺可桢：《竺可桢日记》第 2 册（1943–1949），北京：人民出版社，1984 年，第 766 页。

3 1944 年 6 月 14 日，《回复一位美国朋友致中国的公开信》，George B. Cressey Papers, Box 14973, Folder 10, SUA

第五章 在中国的地理交流（1945–1950）

第一节 战后中国地理学重建

1. 地理学术交流

战后中国百废待兴，地理学又有用武之地。“关于努力之道，首当推重经济建设。而建设之进行，尤须明了因地制宜之道，均衡发展之方，以及经济区域之划分，与夫资源蕴藏之分布，于是地理知识尚矣。[1] 与外界隔绝八年之久的中国地理学者，迫不及待地渴望了解国外的学术进展，规划中国地理学，葛德石自然成为寻求帮助的对象。

1944 年当葛德石还在访问重庆之际，中央大学地理系教授丁骕就专门拜见葛德石，请求葛德石润色文章。[2] 丁骕，云南曲靖人。1928 年转入燕京大学地学系，毕业之后入中央研究院地质研究所工作。1934 年考取第二届中英庚款，负笈英国格拉斯哥大学地质系。1937 年获得博士学位归国执教中央大学地理系。1945 年丁骕通过美国大使馆寄给葛德石两篇自己的文章。他计划利用明年休假时间访问美国，希望能在雪城大学地理系谋求一个研究职位。同时他想联系巴尔博教授，恳请葛德石告知地址。巴尔博是丁骕在燕京大学的老师，但由于战争失去联系。葛德石告知巴尔博的通讯地址，并将丁骕介绍给美国驻华大使。[3]

1946 年葛德石寄给正在马里兰大学讲学的胡焕庸雪城大学地理系的宣传材料，并与之探讨中国省份区划问题。胡氏关于中国的分省方案已经发表了几篇论文，他主张缩小目前省份，以便精减省县之间的区级政府。[4] 1944 年葛德石曾赠予任美锷主持的复旦大学史地系地理书单。此时，任美锷已担任中央大学地理系主任，他正致力土地利用的研

---

1 任美锷：《建设地理新论》，重庆：商务印书馆，1946 年，翁文灏序言。

2 Ting to Cressey, June 7, 1944, George B. Cressey Papers, Box 14973, Folder 14, SUA

3 Ting to Cressey, Nov. 11, 1945, George B. Cressey Papers, Box 14959, Folder 28, SUA

4 Hu to Cressey, Aug. 2, 1946, George B. Cressey Papers, Box 14959, Folder 25, SUA

究。葛德石一直希望在中国选取几个典型地区作为样本，进行详细研究，以便深度理解中国的景观。任美锷告诉他目前许多细致的区域研究已经完成，比如在云南昆明湖、成都平原及南京等地区进行的土地利用研究。同时，任美锷将作为中国地理学会代表去伦敦参加 1948 年的国际地质学大会，希望葛德石能为其顺路访美提供机会。[1]

1947 年李旭旦接替胡焕庸在马里兰大学地理系讲学一年，葛德石致信问候，并告知《亚洲之地与人》的中文版已经出版。李旭旦正在从事中国农业资源的地图工作，可是由于马里兰大学缺少制图人员，工作极其缓慢。不久前，李旭旦又被中国地理学会任命为《地理学报》主编。可是由于国内形势每况愈下，他正考虑是否接受这份自认为不适合的工作，但万一推脱不了，他恳请葛德石能够为其将来的编辑工作提供指导和帮助。最后，李旭旦希望在 9 月份回国时候能够访问雪城大学，拜会葛德石。[2]

战前，葛德石倡导成立了美国地理学家协会亚洲地理分会，以便亚洲地理专家交流学术研究。1948 年，葛德石请求中央大学地理系主任任美锷通报中国地理学的最新进展。任美锷告知 10 月，中国地理年会在南京召开。因为国内局势，本次年会是与中国科学社、中国气象学会等学会共同举办的。中国地理学会一共宣读了五十一篇论文，其中不乏精品，例如李四光的《台湾地貌的基本观察》，丁骕的《塔里木盆地地貌笔记》，任美锷的《四川农业生产力基本研究》，钟功甫的《扬子谷地土地利用 ：从合江至宜昌》和周立三的《新疆的人口分布和绿洲城镇》。大会期间，中央大学地理系和中国地理研究所举行了茶话会，会后并组织了采石矶的短途旅行。[3] 任美锷还表示今年是翁文灏的六十大寿，中国地理学会已经收到很多贺信，目前正在编辑翁氏六十大寿文集。而明年将是中国地理学另一位领袖竺可桢的六十寿辰，中国地理学会极有可能再出版一本祝寿文集。任美锷赠送给葛德石中国地理研究所最新出版的两期《地理》，并将自己的一篇关于中国地理学三十年进展的英文论文寄给葛德石，请其代为寻找合适刊物发表。[4] 葛德石感谢任美锷提供的中国地理学术信息以及赠送的刊物。他把任氏的文章推荐发表在《职业地理学家》(*Professional Geographer*）第十二期上，并向翁文灏发送寿辰贺信。1948 年 11 月，任美锷回信对此深表感激，并特意注明此信的邮费已是二千一百万元。[5] 国内局势之混乱由此可见一斑，而这也深深牵动葛德石的心。

1944 年返美后，葛德石继续担任美国政府的中国问题专家，并提出地缘策略的概念即以地理因素来设计国家战略。葛德石多次在公开演讲中鼓吹中美友好，成为中国在美国的代言人。葛德石认为四个原因使得中国对于美国非常重要，即战时盟友、战后伙伴、

1 Ren to Cressey, June 28,1947, George B. Cressey Papers, Box 14959, Folder 26, SUA
2 Lee to Cressey, June 20, 1947, George B. Cressey Papers, Box 14959, Folder 16, SUA
3 News from Ren Mei-e, Oct. 12, 1948, George B. Cressey Papers, Box 14980, Folder 4, SUA
4 News from Ren Mei-e, Oct. 27, 1948, George B. Cressey Papers, Box 14980, Folder 4, SUA
5 News from Ren Mei-e, Nov. 4, and Dec. 8, 1948, George B. Cressey Papers, Box 14980, Folder 4, SUA

重要市场以及太平洋地区重要的民主力量。[1] 所以在学术以外，葛德石也关注着中国的政治。战后，美国的对华政策越来越受到质疑。葛德石不断询问中国地理学界的朋友，征求他们的意见和建议。1948 年 3 月，葛德石询问张印堂对时局的看法。张印堂十分认可美国在中国对苏联帝国主义的阻击。他认为中国需要和平、秩序与自由，这也是人类进步和世界文明的基石。个人自由和民主最终战胜极权。[2] 5 月，葛德石再次与李旭旦探讨时局。李旭旦表示自从去年美国返回之后，在不同场合见到了许多教授和学生，也参加了几次时局讨论会议。大众普遍不满当局甚至抗议当局，呼吁采取行动来改善政府。李宗仁当选副总统显示了国民党的党内分裂，以及大众希望一个进步领袖的愿望。李旭旦相信如果立即采取大刀阔斧的改革，国民政府在最后时刻仍能赢得民心。和平第一，战争不是解决方式，如果没有和平，一切均为空谈。问题是尽管人人梦想和平，但没人敢谈和平。李宗仁是个勇敢的人，或许他能采取些行动。不过就目前来看，双方都不希望尽快胜利。至于美国的援助，李旭旦认为许多中国人都欢迎，可是它们应该只用于救济，而且保证发放到所需者手中。[3]

2. 中国地理留学生

为了发展中国地理教育，国民政府教育部在 1940 年成立史地教育委员会。委员胡焕庸和黎东方曾在提案中指出全国设有地理学系之大学仅三所大学，然其师资已感缺乏，最近新设师范学院六所，地理教师更感无从延聘，将来如于大学添设地理学系，亦感同样困难。所以提议应于各种留学考试之中指定专习地理名额；同时，就现设地理学系各大学中，成绩优良者，设立地理研究所，俾学者有深造机会。[4] 但战争使这一切无从实现。直到 1947 年，为了培养地理学研究生和编辑地理刊物，浙江大学成立地理研究所，主任张其昀恳请葛德石提供地图、地理书籍杂志及其他相关出版物。[5] 而葛德石主持的雪城大学新地理系也开始招收中国学生。

与许多美国的地理系一样，雪城大学地理系也是从地质系中成长出来的。1930 年以前，雪城大学地质系已经有四位地理学教授。1931 年为了凸显地理，学校成立地质与地理系，聘请葛德石为系主任。地质地理虽为一系，但实为两个不同的专业领域。30 年代，在葛德石的主持下，雪城大学在地理硕士培养上制定严格标准，特别强调野外考察，被认为是当时全美最好的地理项目之一。二战期间，雪城大学地理系为美国军队培训了

1 China's Wartime Panorama, July 10, 1945, George B. Cressey Papers, Box 14974, Folder 10, SUA

2 Chang to Cressey, Apr. 22, 1948, George B. Cressey Papers, Box 14959, Folder 28, SUA

3 Lee to Cressey, May 4, 1948, George B. Cressey Papers, Box 14959, Folder 25, SUA

4 胡焕庸，黎东方：《增加研习地理深造机会，培养大学及师范学院师资案》，《傅斯年档案》，馆藏号：IV—594—4，台湾“中央”研究院傅斯年图书馆。

5 Chang to Cressey, Nov. 6, 1947, George B. Cressey Papers, Box 14959, Folder 16, SUA

三千余名官兵，发挥了巨大作用，从而也使地理系一枝独秀。1945 年雪城大学地理系单独成系。在校方大力支持下，葛德石开始招兵买马，聘请密歇根大学教授詹姆斯来系。

詹姆斯（1899–1986）是 20 世纪美国地理学界最有影响人物之一。1920 年获得哈佛大学气候学硕士学位后，随导师华莱士进入克拉克大学地理系。在克拉克大学期间，詹姆斯曾受业于辛普尔，深受环境决定论的影响，1923 年获得克拉克大学地理学博士学位，所以詹姆斯与葛德石也是同门。詹姆斯以拉美地理和地理学思想史见长，曾任美国地理学会会长。[1] 其著作《地理学思想史》影响甚大，曾由我国地理学家李旭旦译成中文。1945 年詹姆斯接受邀请执教雪城直到退休。此时，雪城大学地理系的研究区域已经覆盖了全世界，每一个区域都有专家，是当时美国地理学十分活跃的系。它有十五六位教授，其中以葛德石、詹姆士、狄更森（Robert E. Dicksenson）三人为台柱。[2] 1950 年詹姆斯接替葛德石为系主任，1962 年雪城大学地理系全美排名已列三甲。

在雪城大学地理系期间，葛德石特别有兴趣接待中国地理学者和招收中国学生，同样，他赠送许多书籍和地图给中国地理系。1947 年葛德石致电中华民国教育部，指出地理学在中国战后重建和发展的重要性，欢迎中国学生到美国学习地理，并函索教育部留学考生中地理学生的名单。教育部次长杭立武表示在获得教育部奖学金的学生中，即将选派两人赴美学习与地理有关的海洋学和气象学。[3] 而葛德石此时已经接受谢觉民为硕士研究生。谢觉民 1941 年毕业于浙江大学史地系，后在中国地理研究所工作，从事四川东部的地理调查。1947 年在竺可桢推荐下赴美投在葛德石门下，1950 年获得雪城大学地理学硕士，论文为《川东山川间的地与人》，葛德石为其提供了大量帮助和指正。[4]1953 年谢觉民以《台湾的文化史层》获得雪城大学地理学博士，其夫人阚家蓂也被涂长望推荐给葛德石，并最终获得地理学硕士学位。

1948 年，四名来自中国的年轻地理学者申请了雪城大学地理系。其中，一位来自中央大学地理系，一位是上海暨南大学的老师，余下两位则来自中山大学。葛德石征求李旭旦的意见，李告知中央大学的申请者是其学生，他是一个认真的学生，最近花费很多时间学习英语，而上海暨南大学的申请者，对自然地理非常有兴趣。至于中山大学的两位他不认识，不过听林超说余姓学生比较能干。[5] 同时，葛德石还向清华大学地学系张印堂询问一个名叫胡善恩的学术状况。张印堂回复说胡善恩是他的学生，1937 年毕业于西

---

1 Robert G. Jensen, “Preston Everett James, 1899–1986”, *Journal of Geography*, Volume 85, Issue 6, 1986, p273.

2 谢觉民：《文化史层 – 人文地理的新学说》，谢觉民主编：《史地文集——纪念浙江大学史地系成立 70 周年》，杭州：浙江大学出版社，2007 年，第 12 页。

3 Hang to Cressey, June 9, 1947, George B. Cressey Papers, Box 14959, Folder 26, SUA

4 Hsieh, James Chiao-min, *Land and Life in the Ridges and Valleys of Eastern Szechuan*, M.A, Thesis, Syracuse University, 1950, National Agricultural Library, Beltsville, MD

5 Lee to Cressey, May 4, 1948, George B. Cressey Papers, Box 14959, Folder 29, SUA

南联大地理系，在浙江大学史地学部获得硕士学位之后，自费去到加州大学伯克利分校师从索尔学习地理，但是他学术水平一般。张印堂希望葛德石能为清华大学地学系提供一到两个奖学金机会，他将为其推荐真正适合的人选，以便发展中国地理学。[1] 最终，葛德石录取了陆正善。陆氏已经在1943年从雪城大学建筑系获得硕士学位，他于1951年获得地理学博士学位，论文是《中国城墙城市的描述研究》（*A Descriptive Study of Selected Walled Cities of China*）。[2]

3. 国际地理学会（IGU）

葛德石不仅在地理学术和留学生培养上关注中国，而且积极扩展中国地理学的国际交流，推动中国加入国际地理联合会。国际地理联合会（International Geographical Union，简称IGU），1922年成立于比利时布鲁塞尔，是世界各国地理学术团体组成的学术性组织，旨在推动国际间的合作与交流，开展学术讨论与研究，组织国际学术会议与出版刊物。国际地理大会每隔四年左右轮流在各国首都召开一次。国际地理联合会下设国家委员会，必须有国家级的地理研究机构代表所在国家。而由于中国地理学会在1934年成立，第十五次国际地理联合会则是1938年在荷兰阿姆斯特丹召开，烽火连天的中国已经无法派出代表。随着第二次世界大战开始，国际地理联合会自身也陷入停顿状态。直到1949年4月，战后的首次国际地理学联合会最终在葡萄牙里斯本召开。1947至1949年，葛德石任国际地理联合会副主席。在里斯本大会上葛德石被选为主席，任期为1949至1952年。

中国地理学会派出中央大学地理系主任任美锷和中国地理研究所所长林超前往里斯本，但是由于国共内战，任美锷未能成行，只有林超独自前往。在这次大会上，中国地理学界共提交论文六篇，三篇为摘要，另外三篇只有题目。其中，曾世英和方俊在地图组分会提交了中国地图集论文，任美锷在人生经济地理组提交了中国西南部农业景观的论文，着重土地利用研究，根据实际调查和统计，将四川省分为六个农业区，并绘制四川农业生产力地图。[3] 由林超代表的中国地理学会在葛德石等人努力下被纳入国际地理联合会。

葛德石上任伊始就致信林超，表示国际地理联合会将最大程度服务世界各地的地理学者，不同国籍的地理学者合作能解决当今很多问题，欢迎林超提供所有有关国际地理联合会的建议。[4] 而国际地理联合会里斯本大会之后，林超应邀访问英国，其导师罗士培

---

1 Chang to Cressey, Apr. 22, 1948, George B. Cressey Papers, Box 14959, Folder 28, SUA

2 Yuan, Tung-li, *A Guide to Doctoral Dissertations by Chinese Students in America 1905-1960*, Compiled by the Sino-American Cultural Society, Inc, W.D.C, 1961, p.529

3 徐近之：《国际地理大会历次概况》，《地理学报》1950年9月第15卷第1期，第124—126页。

4 Cressey to Lin, July 20, 1949, George B. Cressey Papers, Box 14959, Folder 25, SUA

已经过世，这是中国地理研究在国际上的一大损失，林超希望中国地理研究所能和雪城大学地理系更密切合作，引导中国地理研究，不过这只是美好的愿望而已。因为就在林超动身前往里斯本参加国际地理学大会前夕，国民党政府已经命令他准备迁所。可是他本人即将启程，因而将任务委托给罗开富，将地理所迁往广州。此时，国民党政府已经退守台湾，位于南京的中国地理研究所的书籍和设备已运往台湾。而林超本人因国内资助断绝被困英伦，他被迫向葛德石求助。[1] 在接到林超来函的时候，葛德石刚从欧洲出差回到美国。他很遗憾事先不知林超在伦敦，否则可以当面商讨解决方法。他建议林超取道美国回国，如此一来就可以在雪城会面商量办法。此时，深惧共产主义的张印堂，在葛德石帮助下，已经在纽约州布法罗大学找到教职，家人也得以妥善安置。[2] 当然，随着国共易帜而改变的不只是中国的地理机构和地理学者，还有中国在国际地理联合会的地位。

第二节 中国地理学者的私人交往

葛德石作为亚洲地理的专家，很早就与中国地理学者交往。在葛德石的私人通讯录中，中国地理学界的许多人物都赫然在列，如竺可桢、翁文灏、黄国璋、刘恩兰、涂长望、洪思齐等。[3] 葛德石一生四次考察中国，与中国地理学界的往来也从 20 世纪 20 年代持续到 50 年代。从这些广泛而深入的交往中，我们可以看出葛氏在中国地理学界的地位，同时一定程度上也反映了他对中美地理学交流的影响。葛德石频繁来往的学者中，大致可以分为三类：第一类是同行之谊，典型的是翁文灏与竺可桢。第二类是同窗之谊，代表学者是黄国璋与刘恩兰。第三类是师生之谊，即涂长望。

一、同行之谊：葛德石与翁文灏、竺可桢

1. 葛德石与翁文灏

翁文灏（1889—1971），字咏霓，浙江鄞县人，比利时鲁汶大学地质学博士。翁文灏是民国时期最具国际声誉的中国科学家之一。翁氏自 1934 年后步入政途，官拜经济部长、行政院院长，是民国学者从政的代表人物。在学术方面，翁文灏不仅将中国的地质学研究提高至世界级水准，同时在地图学、地史学、地文学等方面都推动了中国地理学的发

1 Lin to Cressey, Sept. 17, 1949, George B. Cressey Papers, Box 14959, Folder 29, SUA
2 Lin to Cressey, Sept. 27, 1949, George B. Cressey Papers, Box 14959, Folder 25, SUA
3 Cressey's Addresses and Mailing lists, George B. Cressey Papers, Box 14959, Folder 1, SUA

展，为中国现代地理学创始人之一，不能简单地仅以地质学者视之。

1920年，翁文灏即写下一篇重要的自然地理著作——《中国地史浅说》，论述了中国最近代之地史，探讨了中国海岸的变迁，黄河泛滥与迁移等问题。他认为："今代地理上之一山一水一丘一壑，莫不于地质历史上有其当时不获已之原因，故地理学者兼通地史，其应用于地理学者，尤在利用已知之地史以说明现代的情形。"《中国山脉考》则是翁文灏对中国地文学的另外一个重要贡献。他主张考察山脉分布必须以地质构造与内外营力为据，指出"古代中国地理精于水道而疏于山脉，言水多详而言山多误"。1928年，他在《科学》上发表《中国地理学中的几个错误原则》一文，批判过去"天下山脉发源于一，葱岭为天下山脉之总汇，河流多潜源重发，盐水湖必为古海涸底"以及"沧海桑田"等谬论，纠正对研究山脉的种种非科学的观点，从而促进了中国地文学的进步。1929年，翁文灏发表《中国地理区域及其人生意义》论及我国人口与地理的关系，指出中国人口过多，耕地不足，人均耕地面积较小的特殊现象。后又写了《中国的人口分布与土地利用》一文，进一步阐明中国人口问题的严重性。[1]

1928年9月罗家伦接掌清华，整顿和扩充各系。在翁文灏倡议下，清华决定增设地理系，并聘请翁文灏担任系主任。在翁文灏的主持下，经过近一年的筹备，1929年秋，清华大学地理系正式成立，该系虽名为地理系，但实则包括地理、地质、气象三个主修学科。翁文灏聘请葛利普、袁复礼、谢家荣、黄国璋等为教授，他本人则亲自讲授"中国地理通论"，"中国地理专论"的课程。针对当时国内大学中类似学科的课程设置情况和人才培养方向，翁文灏强调清华地理系要办出特色，"与他校少有重复课程，多有互相课程"，以进行"介于地质，地理之间的教学和研究"。他的目的是要培养基础坚实，具备地理、气象等广阔知识面的通才。因为翁氏本人一向重视实际的研究和野外考察，因而清华地理系在课程设置和学生培养上，特别重视理论与实践的结合，课堂讲授与实验，室内课程与野外实践密切衔接。1930年，翁文灏见地理系的规模初具，基础已立，遂辞去系主任一职，但学校仍请其担任名誉系主任和名誉教授。[2]1934年，翁文灏筹建中国地理学会并出任首任会长。但他由于已入政坛，公务繁忙。1936年11月，他致信胡焕庸和黄国璋，请辞会长一职。[3]

翁文灏为葛德石在中国最早接触的学者之一。1923至1929年在沪江大学期间，由于葛德石的地质学背景使他最有可能接触的是地质学者。1922年，翁文灏与丁文江等人创办中国地质学会，1924年葛德石即成为中国地质学会会员，从此开始与翁氏的交往。在葛德石的《中国的地理基础》书中的中国地质部分，主要源自翁文灏等主持的中国地质

1　李旭旦：《翁文灏先生对我国地理学的贡献》，《地理学报》1984年第39卷第3期，第244–248页。
2　李学通：《书生从政——翁文灏》，兰州：兰州大学出版社，1996年，第95–96页。
3　翁文灏著，李学通等整理：《翁文灏日记》，北京：中华书局，2010年，第89页。

调查所的研究成果，他还援引翁文灏《中国人口分布和土地利用》的文章。1931年，葛德石出任美国雪城大学地质地理系主任，为了传播中国地质地理知识，他计划制作一幅黄土高原的地貌模型在1933年芝加哥世界博览会上展出。为此，葛德石请求北平地质调查所的翁文灏邮寄黄土制作模型。翁文灏当即从著名北京人的栖息地周口店附近台地上搜集了大约二十磅黄土邮寄给葛德石，同时寄去一个直径大约两英尺的完整黄土标本。[1] 1933年4月，葛德石制作的黄土高原地貌模型被作为世博会特色展出，大会专门在科学厅设置了一个十英尺长，三英尺宽的展台，一同展出的还有三张彩绘窑洞图及葛德石绘制的中国地图。会后，葛德石的展品获奖，并被芝加哥科学与工业博物馆永久收藏。[2]

1932年，上海申报馆为了庆祝《申报》创刊六十周年，资助丁文江、翁文灏、曾世英共同编纂出版了著名的《申报中华民国新图》和《中国分省新图》。曾世英（1899–1994），江苏常熟人，毕业于苏州专门学校土木科，精于测绘。曾氏具体负责实际编图，翁文灏则担任指导和联系工作。1935至1936年间，翁文灏主持的国家资源委员会和中央地质调查所联合派遣曾世英，前往葛德石所在的雪城大学学习航测。申报地图除了利用当时所有可能的地图资料外，还旁征博引历代天文测量的经纬度成果加以考核，调整山河方位，并在国内首次采用分层设色法表示地形，极大提高了地图的科学性。地图出版之后，广受国内外学界的重视，被誉为划时代之作。美国地理学会的《地理评论》和英国皇家地理学会的《地理杂志》均发表书评，予以较高的评价。1936年《中华民国分省新图》第三版出版，翁文灏立刻赠送给葛德石一册并详细说明新版的内容以及改进之处，希望葛德石为之宣传。[3] 在新图前言的鸣谢者名单中，葛德石即为其一。而葛氏的藏书目录中也确有两本《申报地图》。

抗战期间，葛德石询问翁文灏战时中国的状况。身为经济部长的翁文灏为葛德石解读了远东的政治和经济。翁文灏指出大战主要是由于东亚经济发展的不平衡和日本的政治野心。日本本土是一个多火山和资源贫瘠的国家，总是被扩张的愿望主导鼓舞着。它希望建立钢铁工业和纺织业，可是缺少铁矿和棉花。所以它尽一切努力在东方攫取资源并建立了与其国土不相称的军事力量。日本仿效德国实行严格的经济控制，意图加强政府的经济投资和管理权力，取代实业家和资本家。1931年之后，军国主义者通过刺杀首相和财政大臣，引入军事和经济侵略的政策，战争在所难免。中国第一个领会了来自日本的危险，可是由于军事准备的不平衡，中国只好忍辱负重，而却日本步步紧逼，进一步深入华北和华中地区。1937年中国决定为生存而战。目前中国已经准备好长期抗战，直到恢复领土和主权。现在美国加入东亚战争，中国相信美国能为基于正义和公平的国

1 Wong to Cressey, Feb. 18, 1933, George B. Cressey Papers, Box 14959, Folder 28, SUA
2 Newspaper clips, Jan. 18,1935, George B. Cressey Papers, Box 14959, Folder 4, SUA
3 Wong to Cressey, Oct. 27, 1936, George B. Cressey Papers, Box 14959, Folder 25, SUA

际秩序而奋战。最后翁文灏希望葛德石能引起美国人民对于太平洋地区合作必要性的认识。[1]

1943年底至1944年夏，葛德石作为访华教授在重庆期间，翁文灏多次与葛德石长谈，并帮助葛德石安排考察钢铁厂和化工厂。此时，翁文灏主持的国家资源委员会和中国地质调查所正在调查开发西北的石油，希望获得大苏维埃世界地图的第二卷。葛德石请求美国国务院邮寄给了翁文灏，同时赠送了美国石油地质会提供的两卷关于油田和源岩石油的著作，为中国地质学家近年最感兴趣的石油工作提供了最新的信息和见解，翁文灏深表感谢。而葛德石正计划访问西北地区特别是新疆。翁文灏1942年曾受命出使新疆，与盛世才相熟，因此翁文灏为葛德石开具了给新疆省主席盛世才的介绍信。[2] 6月，翁文灏将葛德石赠送的苏联地图集交给了中国地质调查所主任李春昱，同时回赠葛德石四本地质调查所最新出版物。[3]

1948年初，葛德石又与翁文灏谈论江河日下的时局。[4] 6月，年届花甲的翁文灏受命于危难之际，出任中华民国行政院院长，葛德石致信表示祝贺。风雨飘摇中的翁文灏十分高兴受到葛德石的赞赏和鼓励，他表示新的任命意味着沉重责任和巨大困难，没有万能药能解决中国所有的问题，他将尽最大努力，在条件允许范围内，谋求国家和人民的福祉。同时，他感谢葛德石作为真正和真诚的老朋友，对中国事务真切的关心和支持。[5] 可惜翁氏任内主持的货币改革，一败涂地，不到半年即仓皇下台。不久翁文灏被列为战犯，出走欧洲。1951年再回大陆时，作为前朝旧臣，政治地位一落千丈，已不可能再与远在美国的葛德石来往。

2. 葛德石与竺可桢

葛德石与另一位中国近代地理学奠基人竺可桢也往来频繁。竺可桢（1890–1974），字藕舫，浙江绍兴人，美国哈佛大学气象学博士。竺可桢1920–1929年任东南大学和中央大学地学系主任，1929–1936年任中央研究院气象研究所所长，1936–1949年任浙江大学校长，一生从事学术和教育工作。

葛德石与竺可桢来往在20年代，因为两人都对研究东亚气候有兴趣，只不过是葛德石侧重地质时期，而竺可桢注重历史时期。两人还共同参加了1926年在东京召开的太平洋学会。在《中国的地理基础》有关中国气候的部分，葛德石援引了许多竺可桢的研究，书后参考文献列有竺氏的《中国气候省区》。竺可桢和翁文灏还是葛德石在书中前言感谢

---

1 Wong to Cressey, Sept. 24, 1942, George B. Cressey Papers, Box 14969, Folder 2, SUA
2 Wong to Cressey, June 3, 1944, George B. Cressey Papers, Box 14966, Folder 9, SUA
3 Wong to Cressey, June 12,1944, George B. Cressey Papers, Box 14966, Folder 9, SUA
4 Wong to Cressey, Apr. 7, 1948, George B. Cressey Papers, Box 14959, Folder 26, SUA
5 Wong to Cressey, June 24, 1948, George B. Cressey Papers, Box 14959, Folder 25, SUA

的两位中国学者。而竺可桢在其随后的文章中也引用葛德石的观点。“在葛德石新近出版的《中国的地理基础》一书中，葛德石指出中部山地中的秦岭山脉，是沙漠影响的华北地区与亚热带华南地区的分界线，它形成一个限制夏季湿润的季风和冬季干冷北风的巨大缓冲带。”[1]

1934 年，葛德石的学生涂长望应所长竺可桢邀请，从利物浦大学肄业前往南京担任中央研究院气象所研究员，葛德石请求竺可桢允许涂长望帮其翻译《中国的地理基础》。1937 年初，葛德石写信至南京的中央研究院气象研究所，向竺可桢函索中国气象地图以及询问中国的台风研究进展，并向竺可桢提及他最近的哈佛大学之行。此时，竺可桢已经在杭州出任浙江大学校长。他安排在南京的助理给葛德石邮寄所需资料，并向葛德石谈论他去年被任命浙大校长之事。竺可桢还建议葛德石如果再访问哈佛，不妨去参观一下去年哈佛大学三百年校庆，中国校友赠送的龙首龟身石碑。此碑出土于北平的一座墓葬，现在被安置在 Widner 图书馆一侧，它或许能让葛德石回忆起在中国的岁月。[2] 1941 年，竺可桢主持的气象所在战时极其困难的情况下，收集所有可能记录中国温度的资料，出版了《中国温度》一书。书后附录三十幅温度分布图，均为首次面世。竺可桢赠与葛德石一本，并指出此书在制图上有一个错误，可惜发现太晚，下次修订时一定再代为邮寄一本。[3]

1943 年底葛德石访华，其任务之一就是代表美国科学院，带给中央研究院美国科学界的问候。竺可桢和翁文灏建议中央研究院应按照对等原则，派遣代表访问美国，但是院长朱家骅以经费为由回绝，竺可桢甚有意见。[4] 葛德石在重庆期间，竺可桢因浙江大学常驻遵义，所以两人会面机会不是太多。1944 年 6 月，葛德石给竺可桢寄去五期美国《地理学报》和《地理学家会刊》。久与外界隔绝的竺可桢顿时感觉如贫儿骤富，应接不暇。他从《地理学报》上才得知到他在哈佛大学的导师已于去年过世。[5] 6 月 29 日，即将返美的葛德石又送给竺可桢告中国人民的公开函。返回美国后，葛德石还通过重庆的美国大使馆转交雪城大学地理系的资料给竺可桢。[6]

不过，竺可桢似乎没有完整地读过葛德石的著作。直至 1947 年竺可桢访问美国的时候，他才在剑桥的旅馆内，利用清闲的周日上午读完《中国的地理基础》一书。他认为书中东北三省部分大致说来尚不算错，但是葛德石以为东北三省总属中国，无论何人阻碍前途必将后悔一说，未免对中国人过于乐观。晚间，他又阅读拉铁摩尔的《满洲：冲

1 Chu Coching, “The Aridity of North China” , Pacific Affairs, Vol.8, No.2 (Jun., 1935), pp.206–217
2 Chu to Cressey, Mar. 27, 1937, George B. Cressey Papers, Box 14959, Folder 16, SUA
3 Chu to Cressey, Sept. 18, 1941, George B. Cressey Papers, Box 14959, Folder 25, SUA
4 竺可桢：《竺可桢日记》第二册（1943–1949），北京：人民出版社，1984 年，第 721 页。
5 竺可桢：《竺可桢日记》第二册（1943–1949），北京：人民出版社，1984 年，第 763 页。
6 竺可桢：《竺可桢日记》第二册（1943–1949），北京：人民出版社，1984 年，第 883 页。

突之发源地》，此书与葛氏之书同在1934年出版，但拉铁摩尔对于东三省又是另外一种眼光。[1]

1948年，葛德石询问竺可桢对于美国如何援助中国以及中国如何自救的看法。竺可桢认为马歇尔将军两年前的中国之行注定失败，因为是当他努力斡旋国共合作的时候，美苏两国在联合国的分歧日远。如果美国能稍微迁就苏联，将会大大有助于国共和解。中国人民翘首企盼美国援助，但不仅仅是食品弹药等物质方面，还要有道德和智力的引领。最后竺可桢指出从长远来看，美国援助中国一百万或一百亿都没有意义。因为中国更需要和平，如果某些大国玩弄政治，中国不会拥有和平。[2]

竺可桢在民国时期一直活动于教育和学术领域，桃李满天下。与翁文灏不同，他又与政治刻意保持了适当的距离。所以，竺可桢在国共易帜后仍可享受尊荣。50年代初，位居中国科学院副院长的竺可桢仍可与葛德石维持了短暂联系。总而言之，葛德石与翁文灏、竺可桢之交，多限于同行之间的学术来往，可谓君子之交。同时，加之双方各自的学者气质，使得他们之间的交往多了一份理性，少了一点温情。

二、同窗之谊：葛德石与黄国璋、刘恩兰

1. 葛德石与黄国璋

黄国璋（1896–1966），字海平，湖南湘乡人。早年就读于湘乡东山高等小学，1911年考入湘乡驻省中学，同时考取的还有来自湘潭的小学同学毛泽东。黄国璋1919年于长沙雅礼大学毕业后，在雅礼中学担任地理和英文教员。雅礼中学为美国耶鲁大学校友建立的中学，许多耶鲁毕业生来此执教。1914年有位叫罗伯特·普兰特（Robert S.Platt）的耶鲁毕业生在长沙任教一年，回美后在芝加哥大学地理系获得博士并留系任教。黄国璋通过雅礼中学结识普兰特。1925年底，计划出国深造的黄国璋联系普兰特，商讨留学方案。由于芝加哥未能提供奖学金，黄国璋只能在雅理大学资助下，先入耶鲁大学地理系，师从著名地理学家亨廷顿。1927年转入芝加哥大学地理系，1928年获硕士学位。[3]黄国璋1926–1927年在耶鲁大学期间，选修了亨廷顿的《气候学》和《地理学问题》两门课程，而作为导师的亨廷顿对他是照顾有加，并为他专门制定培养计划。[4]

葛德石本人曾于1921–1922年间，在耶鲁大学师从亨廷顿一年，因此与黄国璋有同

---

1 竺可桢：《竺可桢日记》第二册（1943–1949），北京：人民出版社，1984年，第1020页。

2 Chu to Cressey, Apr. 12, 1948, George B. Cressey Papers, Box 14959, Folder 16, SUA

3 Platt, Robert S. Papers, [Box4, Folder14], Special Collections Research Center, University of Chicago Library

4 Huang to Huntington, Oct. 4, 1926, Ellsworth Huntington Papers (MS 1). [Box 53, Folder 1769], Manuscripts and Arhive, Yale University Library

门之谊，而黄国璋最终从芝加哥大学获得硕士学位，这又与葛德石有同校之谊。因此，葛德石早在1927年就结识了黄国璋。1928年初，葛德石在美国农业部的朋友贝克（Oliver.E.Baker）正在主持绘制世界农业地图的中国部分，亟需有中国地理背景的助手检验统计数据，葛德石向其推荐了正在芝加哥大学地理系的黄国璋。[1] 同年，当葛德石打算从沪江大学返回美国之际，就力荐即将学成归国的黄国璋接替自己执教沪大地质地理系。[2] 后来虽未成行，而葛黄二人一直保持着良好的同窗之谊。

1928 年 9 月，黄国璋被竺可桢聘为中央大学地学系地理教授，开设人文地理、北美地理和地理考察三门课。1934 年国民政府为了解决英联邦缅甸与云南西部的边界争端问题，决定由黄国璋组织云南地理考察团入滇。黄国璋与来自国际联盟的奥籍专家费师孟（H.V.Wismann）及滇籍外交专家张凤岐、助手王德基、严德一组成考察团，于 1934 年中秋绕道香港、河内前往昆明。历经辛苦的考察团刚到昆明，任务却被取消了。黄国璋以云南南部在中国地理学界尚为盲区，经与云南地方当局协商，改去西双版纳考察热带资源。11 月，黄国璋率考察团顺迤南大道翻越哀牢山脉，至普洱、思茅高原，再下澜沧江边的卑湿低坝，勘查西双版纳全境。他们晓行夜宿，沿途绘图摄影作笔记，并调查访问，搜集到极其丰富珍贵的文字和图片资料。此次考察开创中国地理学者考察西双版纳之先河。黄国璋归来写成的《滇南人生与自然》，资料翔实，描述生动，曾在国内外广为传播，引起各界极大兴趣。1935 年 6 月，葛德石询问黄国璋新近成立的中国地理学会状况，并赠与美国《地理学报》。黄国璋则向葛德石描述了他近一年的云南地理考察，并回赠中国地理学会主编的《地理学报》第一卷。[3]

1936 年黄国璋改任北平师范大学地理系教授兼系主任。他将地理系的任务定为改进各中等学校的地理教学，培养中学优秀地理教师，开展地理科学研究工作。在他的掌舵下，北平师范大学地理系与南京的中央大学地理系遥相呼应，成为北方的地理学中心。因此在民国地理学界内有“南胡北黄”之说。胡即指中央大学地理系主任胡焕庸，黄则是黄国璋。在北师大期间，同系教师谌亚达为了中国地理课程资料，翻译了葛德石的《中国的地理基础》。当完成翻译之后，黄国璋向葛德石引荐谌亚达，但谌氏只翻译了此书的分论部分。为了有完整的中文版本，黄国璋又鼓励地理系的学生薛贻源翻译总论部分。所以葛德石之书的中文译本得以面世，黄国璋功不可没。

1936 年，由张相文创立的中国地学会在北平改组，黄国璋被推为总干事。抗日战争爆发之后，地学会停止活动，《地学杂志》停刊。而北平师范大学也迁往陕西城固，重组为西北联合大学，黄国璋任地理系主任。1940 年，黄国璋出任中英庚款董事会在重庆创

1 Baker to Cressey, Feb. 6, 1928, George B. Cressey Papers, Box 14974, Folder 4, SUA
2 Cressey to Shanghai College, Feb. 21, 1928, George B. Cressey Papers, Box 14974, Folder 1, SUA
3 Huang to Cressey, Sept. 17,1935, George B. Cressey Papers, Box 14959, Folder 29, SUA

办的中国地理研究所首任所长。1943年底，葛德石访问中国时被聘为中国地理研究所兼任研究员，为两人的深度交流提供了良机。此时，中国地理研究所正在关注边疆研究，特别是西北地区。黄国璋与葛德石探讨中国地理研究所的边疆地理研究计划，并征求其意见。葛德石作为一个地理学者，对中国西北关注已久。葛德石认为中国对西北似乎未给予足够关注，视之如同化外之地。因此这一计划非常重要，因为战后的重建必须要将全国作为通盘考虑。而西北的开发是基于对其自然和文化的良好理解，只有仔细研究了其土壤、气候、矿产、草原、交通、人民和其他地理因素后，才能评估此地区是否能实行农业移民。不过现在，当地的矿业和工业似乎比农业重要，政治重要性更是不言而喻。目前，第一步要做的就是最大可能收集已有文献，包括俄国、法国、英国、美国以及其他探险家所写的文章，当然还有中国的记录。但许多资料是不容易找到的。葛德石为此建议中国地理研究所雇佣纽约或伦敦的书商帮助寻找例如拉铁摩尔《亚洲内陆边疆》一书中所引用的文献书目。如果实在没有原件，可向美国国会图书馆购买缩微胶片，仅此一项可能需要花费五千美元，但是鉴于西北边疆的经济和外交价值，这是非常值得的。[1]

1944年6月，葛德石结束访华返美。临行前，黄国璋请历史学家顾颉刚赋诗四首，赠别葛德石，感谢两人多年来的友谊。

为黄海平赠葛德石教授：

曾写欧文禹贡书，东方大陆遍驱车。执鞭我已追随惯，廿五年来最起予。
异国高情访问来，黉宫群喜旧师归。巴山夜雨听啼鴂，伴取灯前绛帐开。
送君极目向西天，云里飞东自在旋。袅袅流波人独立，珊瑚坝上一凄然。
玄黄漂杵哭声腾，辛苦煎熬敢自矜。存得越王生聚志，知君隔海祝中兴。[2]

1945年初，回到美国的葛德石向黄国璋描述了返程的所见所闻。此时，葛德石非常关注战后中国地理学的发展。他认为中国地理学者能从不同国家获得学术训练，从而有机会与不同思想与背景的学派交流，这是非常幸运的。但是战争严重阻碍了中国地理学者之间的交流，希望战后能有所改善。黄国璋告诉他目前由于通货膨胀，中国地理研究所的工作在某种程度上受阻。他希望随着战后条件改善，中国地理学者能齐聚一堂，交流学术。同时他感谢美国为战争胜利所作出的贡献。[3]

1946年黄国璋回到北平后，即以中国地学会总干事和北师大地理系主任的身份，与辅仁大学历史系主任、张相文之子张星烺教授一起，恢复了地学会的活动。张星烺为中

1 Cressey to Huang, Jan. 10, 1944, George B. Cressey Papers, Box 14973, Folder 11, SUA
2 顾颉刚：《顾颉刚日记》第5卷（1943–1946年），台北：联经出版事业公司，2007年，第292页。
3 Huang to Cressey, Aug. 22, 1945, George B. Cressey Papers, Box 14959, Folder 25, SUA

国地学会理事长，黄国璋为副理事长兼总干事。1948 年，美国地理学者协会亚洲地理分会成立，葛德石将黄国璋列入通讯会员，希望黄国璋能寄来有关中国地理的材料作为明年年会展览之用。黄国璋通报了中国地学会的年会状况和北平师范大学地理系最近从事的高中地理教学法和北平郊外土地利用调查两项研究。他寄给葛德石师大地理系主办的《地理教学》以及新出版的活页地图。同时希望葛德石能为师大地理系募捐书籍，具体事宜可与正在威斯康星大学麦迪逊分校地理系读书的薛贻源接洽。[1]

除了地理学术之外，黄国璋热衷社会活动，因此也受人诟病。如 1942 年，翁文灏接见丁骕，谈起黄国璋，表示朱家骅已经对其不满。[2]1945 年黄国璋应中央设计局之请，担任区域设计组组长，借此辞去所长一职。“二战”之后，黄国璋加入九三学社，并出任常务理事兼总干事，呼吁停止内战，为民主而奔走。1949 年黄国璋参与新政协筹备工作并得到少年同学毛泽东接见。但黄国璋终究抹不去与国民政府的关联。在 1952 年知识分子思想改造中，就有人抓住他曾为美国地理学会会员，中国地理研究所所长，国民政府设计局区划设计组组长等历史问题，指责他与反动政府沆瀣一气，予以猛烈批判。最终黄国璋被撤销其在九三学社及中国地理学会一切领导职务。“多亏竺可桢等一批老前辈力保，年近花甲的黄国璋先生才免西出阳关。”黄国璋被发配至陕西师范大学，但最终还是在劫难逃。1966 年，在葛德石去世后的第三年，与葛氏同岁的黄国璋以夫妻双双上吊的方式结束了生命。

2. 葛德石与刘恩兰

刘恩兰（1904—1986），山东安丘县石山子村人。1925 年毕业于南京金陵女子大学，随后任金陵女子大学附中教导主任。1929 年，表现突出的刘恩兰被金陵女子大学选送至美国克拉克大学地理系学习，1931 年获得地理学硕士。1938 年她又赴英国牛津大学攻读自然地理学，于 1940 年获得博士学位。刘恩兰为中国第一位地理学女博士。

1928 年，就在中国留学生黄玉蓉硕士毕业离开克拉克大学，返回北京之际，另一位来自金陵女子大学的刘恩兰联系到了华莱士。华莱士希望黄玉蓉能为刘恩兰前来克拉克大学提供建议。[3] 1929—1931 年，刘恩兰在克拉克大学地理系攻读硕士，师从美国著名气候学家查尔斯·布鲁克斯(CharlesF.Brooks)，其间刘恩兰还曾到芝加哥大学地理系进修一学期。而葛德石 1930—1931 年在克拉克大学地理系攻读博士学位，所以两人是名副其实的同窗。刘恩兰的硕士论文为《气候：中国的一个独裁者》(*Climate:A Dictator of China*)。在长达 183 页的论文中，她分别论述了气候在中国历史上的影响，在中国文化

---

1 Letter from Huang Kuochang, Nov. 23, 1948, George B. Cressey Papers, Box 14980, Folder 4, SUA

2 翁文灏著，李学通等整理：《翁文灏日记》，北京：中华书局，2010 年，第 837 页。

3 Wallance to Huang, Oct. 20, 1928, B4-6-3, Dr. Wallance W. Atwood Papers, Clark University Archives and Special Collection

中的表现，中国气候的分区，气候对农业以及人类生活的影响。[1]在论文中，刘恩兰参考了葛德石 1928 年上海油印版的《中国地理》一书。此书是作为沪江大学的教材而印刷的，所以当时流传范围极小，在中美都非常罕见。即便今日全美图书馆收藏也不过十本，而克拉克大学图书馆并未收藏，所以不排除葛德石赠送给她的可能。

1932 年，刘恩兰返回南京担任金陵女子大学（Ginling College）地理系教授，讲授地理、地质和气象学课程。金陵女子大学是一所 1915 年由美国教会在南京创办的大学，是中国第一所女子大学。学校设有十六个系，地理系即为其一，它也是当时中国教会大学中唯一的地理系。1940 年之后，刘恩兰兼任系主任，培养了一批女地理学者。例如地理学史家曹婉如即为刘恩兰的学生，她 1948 年毕业于金陵女子大学地理系。

1934 年，刘恩兰与竺可桢等创立中国地理学会和中国气象学会。1936 年春，刘恩兰应华东基督教育会的要求，为高中地理老师编制中国地理文献最新书目。1937 年，刘恩兰应葛德石的邀请在《地理评论》上通报中国地理研究的最新进展。[2]同年，金陵女子大学迁往成都，刘恩兰在四川地区进行了广泛的野外考察。1939 年，刘恩兰赴牛津大学圣希尔达学院攻读博士。初到牛津，刘恩兰就致信葛德石告知学校状况。她原定导师为伯克斯顿（L.H.D. Buxton，1889–1939），不幸于 1939 年英年病逝。刘恩兰只好改由利物浦大学的罗士培代为导师。同时，金陵女子大学校长吴贻芳计划发展地理系，可是她目前所能求助的只有中央大学的胡焕庸。而地理学如此博大，恐怕没有人能够贯通。所以，刘恩兰恳请葛德石提供建议和想法。[3] 1940 年，刘恩兰从牛津大学毕业，博士论文是《中国的降水波动：性质、原因和影响》。[4]

1940 年从牛津回国后，刘恩兰继续在中国的西南进行野外考察和研究，发表了许多有关川西地理和民族的中英文文章，如《四川盆地之形成及其历史》，《四川之天气》等。1946 年刘恩兰被美国国务院邀请至美国交流，因此她得以在 1946 年夏天在新墨西哥和亚里桑那州考察印第安人，以便与中国川西少数民族做对比研究。10 月，她不幸在纽约遭遇车祸，直到 1947 年春康复之后才回国。[5] 1948 年，葛德石与刘恩兰多次谈论时局以及美国的对华政策。[6]年底，大战在即的南京，难民蜂拥，如同 1937 年的沦陷。金陵女子大学或迁或留，尚未确定。虽然有三分之一的学生已经离去，课程还得继续。而经济则更加惨淡，通货膨胀，囤积居奇，物价飞涨，社会混乱。但刘恩兰表示无论发生何事，

---

1 Liu En-lan, *Climate: A Dictator of China*, Thesis (M.A)–Clark University, 1931

2 Liu En-lan, Geographical Record, *Geographical Review*, Vol.27, No.4 (Oct., 1937), pp.678–679

3 Liu to Cressey, Sept. 28, 1939, George B. Cressey Papers, Box 14959, Folder 25, SUA

4 Liu En-lan, *Rainfall variations in China: Their nature, causes and effect*, Thesis (Ph.D.)–St. Hilda's College, Oxford University, 1940

5 Wilma Fairbank, *America's Cultural Experiment in China, 1942–1949*, Washtington, DC: Bureau of Eudcational and Cultural Affairs, U.S. Department of State, 1976, p.104.

6 Liu to Cressey, Apr. 6 and May 13, 1948, George B. Cressey Papers, Box 14959, Folder 26, SUA

她都会坚守南京，因为她相信成事在天，谋事在人。[1] 1951年，刘恩兰被远调东北师范大学地理系任教，不久再调至哈尔滨军事工程学院，改行从事海洋学研究。“文革”时期，刘恩兰因隶属国防军事系统，又远在边陲，受外界政治运动冲击较小，一生未嫁的她得以全身而终。

在葛德石与黄国璋、刘恩兰的通信中，通常只称其名，而略其姓，显得非常亲密。他们之间的往来，因为同门的关系，在学术之外，又多了几许感情。

三、师生之谊：葛德石与涂长望

涂长望（1906–1962），湖北武汉人。中国近代气象学的奠基人之一和中国近代中长期天气预报的开拓者。涂长望1906年出生于武汉一个传教士之家。1926年因为北伐逼临武汉，涂长望从武汉的华中大学转往相对安定的上海沪江大学，并选修葛德石的地学课程。葛德石讲授地理，常把政治、经济与文化等融合在一起，使人听后感觉仿佛周游了世界，做了多学科的考察。葛德石本人不仅学识渊博，而且对中国人不抱有偏见，没有一般西洋人那种不懂东方文化的傲慢，因此在沪江大学期间，涂长望非常着迷葛德石的课程。而葛德石在讲学过程中，也发现涂长望好学好问，他自然喜爱这样的学生，而且乐于帮助这样的学生。[2] 在《中国的地理基础》前言中，葛德石特意感谢涂长望等当年的学生与他讨论中国地理。涂长望在沪江大学三年期间，葛德石对其的科学道路有重要影响。涂长望选择地学专业，出国留学考经济地理，不能不说受到葛的影响。

1929年，毕业之后的涂长望回到母校武昌博文中学任教，教授基础地质学、生物和数学，而葛德石也刚刚返回美国。在致葛德石的信中，涂长望感谢葛德石几年的循循善诱，表示他会牢记教诲即成功唯一之路就是努力工作。最后，涂长望还请求葛德石照顾在他芝加哥大学化学系学习的妻弟。[3] 在沪江大学求学之时，涂长望就希望到欧美学习地学。1930年，涂长望考取湖北官费留学第二名，得以赴英国伦敦大学留学。10月，初到英国的涂长望兴高采烈地向葛德石讲述一路行程和伦敦印象。涂长望在政治经济学院主修地理学，在国王学院辅修政治学和地质学，他选修了政治经济学院的地理学概论、欧洲地理、北美地理以及自然地理学等课程；在地质学方面则选修了岩石学、古生物学、地层学等方面的课程。如同葛德石一样，涂长望喜欢实地考察，可是教授们似乎只擅长讲授，他一时难以适应。所以恳求葛德石能提供美国大学开设的地理学课程以及宝贵建议。[4]

---

1 Liu to Cressey, Nov. 25, 1948, George B. Cressey Papers, Box 14959, Folder 16, SUA
2 温克刚主编：《涂长望传》，北京：当代中国出版社，1997年，第42–44页。
3 Tu to Cressey, Sept. 18, 1929, George B. Cressey Papers, Box 14959, Folder 16, SUA
4 Tu to Cressey, Oct. 19, 1930, George B. Cressey Papers, Box 14959, Folder 16, SUA

葛德石语重心长地告诉他地理学需要地理学家的旅行里程来衡量，可是书本知识同样重要。涂长望觉得英国的地理学课程非常枯燥，而地质学相对有趣。英国地理学者更注重地理描述，但他们没有像样的地理教科书，多数地理教材出自美国学者之手，英国的地理教材写作远逊于美国。[1] 为了激发涂长望的地理学兴趣，葛德石给他寄去相关的美国地理期刊和论文。此时，涂长望对经济地理，特别是农业地理非常有兴趣，同时非常喜欢气象学，因为气象和农业地理都将对中国非常有用。而葛德石所在地克拉克大学地理系在这两个专业上都非常强大，所以涂长望希望能到克拉克大学深造。[2] 但终未成行，次年涂长望转入伦敦大学理工学院专攻气象学。1932年，涂长望以《中国雨量与世界气候》从伦敦大学获得气象学硕士学位。1933 年他又转赴利物浦大学地理系，师从罗士培攻读博士。

珀西 · 莫德 · 罗士培（Percy Maude Roxby，1880—1947），英国人文地理学家，英国利物浦大学地理系教授兼主任，主要研究人文地理和区域地理，罗士培在人地关系上主张适应论。1930 年提出人文地理学的任务是研究人群对其环境的适应和人地相适应的地区间关系。认为“适应”一词，既包括自然对人类的控制，也包括人类对环境的改造，关系是相互的。他提出了人文地理学的四个方面：种族、社会、经济和政治，各有其特定的范畴与内容。罗士培 1912 年起开始研究中国人文地理，曾多次前往中国实地考察、做讲座、广播、参加研讨会等。1944 年来中国考察，撰写了三卷本《中国手册》，第一卷为自然地理、历史和民族，第二卷为近代史和政区，第三卷为经济、港口和交通。1947 年出任英中文化委员会驻中国的主要代表，病逝于中国。所以有人说罗士培毕生所从事的事业，一是地理学，另一就是中英两国的文化交流。

罗士培主持的利物浦大学地理系是民国中国地理留学生一个中心。罗士培与葛德石二人可谓近代中国地理学在国际上的双子星。整个民国时期，在罗士培指导下，从利物浦大学地理系获取研究生学位的有：张印堂 1929 年地理学硕士，林超 1938 年地理学博士学位，邹豹君 1939 年地理学硕士。1940 年，刘恩兰在牛津大学攻读博士期间导师去世，也由罗士培代为培养。1938 年洪煨莲本着择名校不如择名师的原则，推荐弟子侯仁之前往利物浦大学投奔罗士培，因“二战”未果。1946 年，侯仁之和吴传钧再投罗士培，罗氏已经退休，但二人最终还是从利物浦大学地理系获得博士学位。

1934 年秋，在利物浦大学地理系攻读博士的涂长望接到竺可桢来函，告知国内急需气象科研教育人才，征询他是否愿意回国。涂长望不顾罗士培挽留，从利物浦大学肄业，应竺可桢邀请回国任中央研究院气象研究所研究员，临行之前，罗士培赠送一块湿度表作为留念。归国后的涂长望先被清华大学地学系借调一年。1936 年竺可桢受命出任浙江

1 Tu to Cressey, Nov. 22, 1930, George B. Cressey Papers, Box 14959, Folder 16, SUA
2 Tu to Cressey, Dec.12, 1930, George B. Cressey Papers, Box 14959, Folder 16, SUA

大学校长，涂长望重返气象研究所，接替竺氏主持日常工作，指导所有出版物，编辑气象杂志，担任英文秘书，另外还要进行天气和洪水预报的研究。他很愧疚地告诉葛德石虽然他的地理学兴趣未减，但是实际的地理研究已不可能。葛德石此时正计划去苏联考察，涂长望表示苏联值得地理学者特别注意，因为据他 1934 年 5 月到苏联中南部的参观，他相信苏联正在通往文明的正确道路之上，如果不是全新文明，至少对现有西欧文明模式的一种挑战。而葛德石经常给涂长望邮来最新的美国地理学出版物，涂长望也回赠中研院气象所以及中国气象学会的论文集和气象杂志。[1]

1937 年中日战争爆发后，涂长望所在的气象所跟随中央研究院辗转迁移到重庆。葛德石十分关切地询问涂长望的情况。涂长望表示尽管目前困难重重，工作依旧，气象所正在用中英双文撰写中国气候一书，希望在年底完成。[2] 1939 年涂长望又应竺可桢之请，转任浙江大学史地系。在日军的轰炸和艰难的生活之下，涂长望计划写一本中国气象的书，可是由于与外界基本隔绝，所以他希望葛德石能提供外部信息。[3] 1941 年抗战进入最艰苦时期，葛德石再次询问涂长望的生活状况，并寄来奶糖、饼干等食品。这些食物是涂长望的孩子平生第一次吃到。涂长望深深感激老师的关切，回寄了一幅全家福照片给葛德石。[4]

1943 年底葛德石访问中国，这是师生二人自从 1929 年分别后的首次重逢。1944 年 4 月，葛德石被选为中国科学社顾问，另一位是李约瑟。[5] 涂长望恳请葛德石为中国科学社提供一台打字机，因为他们现在是和中央大学合用，十分不便。葛德石希望涂长望翻译他的《亚洲之地与人》，但是涂长望上次翻译失败之后，不敢贸然答应。[6] 由于战时物价飞涨，而涂长望家中又添女儿，生活十分困难。为了救济他，葛德石把涂长望介绍到美军战略情报处工作（Office of Strategic Service），协助美军翻译从日军处缴获的大量经济情报资料，月薪 150 美元。涂长望一直工作至 1945 年日军投降，这份工作极大改善了涂氏的家庭经济状况。

在重庆期间，师生二人也得以更好地交流学术思想。葛德石将自己的文章《地理学的目的》送给涂长望阅读。虽然只是两页的文章，涂氏读后感慨良多，扫除了他对地理以往的困惑。他认为旧地理学是静态的，现代地理学是动态的。旅行是地理研究的必要手段，但是仅仅旅行是不够的。现代地理学作为沟通自然与社会科学的桥梁，一方面要采用自然科学的新技术，进行科学分析与实验，另一方面要采用社会科学常用的统计方

1 Tu to Cressey, Apr. 8, 1937, George B. Cressey Papers, Box 14959, Folder 26, SUA
2 Tu to Cressey, Mar. 26, 1938, George B. Cressey Papers, Box 14959, Folder 26, SUA
3 Tu to Cressey, Nov. 22, 1940, George B. Cressey Papers, Box 14959, Folder 28, SUA
4 Tu to Cressey, Feb. 23, 1941, George B. Cressey Papers, Box 14959, Folder 28, SUA
5 Tu to Cressey, Apr. 20, 1944, George B. Cressey Papers, Box 14974, Folder 14, SUA
6 Tu to Cressey, May 23, 1944, George B. Cressey Papers, Box 14974, Folder 14, SUA

法。所以地理学者必须掌握试验技术和统计方法，从而也使地理成为一个非常难以掌握的科目。[1]葛德石不仅启发了涂长望的地理思想，而且给涂长望提供了很多美国气象方面的资料，例如1937年之后麻省理工学院气象系月刊，1940年之后美国气象学会的月刊和增刊以及重要的气象学书籍。作为回报，涂长望也为葛德石找到了拉萨的天气记录。[2]

1944年6月在葛德石临别之前，涂长望前去看望。葛德石则拿出一份刚刚打好的文件给他看。信中对中国当前的政治、教育、工业、财政进行了全面的批评，尤其对中国政治走向独裁，更是不满。葛氏认为国民政府初到南京，尚趋向光明，而近两年则一味地学习纳粹。他认为中国大学教育也没能为抗战尽力，哪怕是四分之一的学生牺牲在战场，而能换来民主主义的胜利，也未必不是好事。许多美国远征军所做的事，中国人都行动迟疑。葛德石对于中国人能接受一党专政十分不解。谈到经济建设，葛氏主张优先发展铁道、重工业、农业和出口物资四项，信中涉及很多方面。总的来看，涂长望觉得老师是关心中国前途，并站在中国人民一边的，是为人民说话的。涂长望有些激动，站起来说："谢谢你写了这封公开信。它一定能启发各界人士，为中国民主自由的前途而斗争。"涂长望后来在1953年9月一份履历表的《自传》中还谈及葛德石的言行。[3]最后，葛德石把最新收到的几期美国《地理学报》、《地理学家会刊》和一些农业气象刊物送给涂长望，师生依依不舍地告别。

1945年葛德石告知涂长望其新书《苏联强大的基础》出版，涂长望期待一睹为快。涂长望认为苏联强大不仅依靠自然资源和人口，还有他们的政府。建立在经济基础上的民主政治是通向强大和富强之路。苏联的自然地理环境几乎未变，可是今非昔比。毋庸置疑，人类因素相对自然因素更为重要，政治体制创造了奇迹，改变了世界。中国也需要这样的政治制度变革，只有赢得大众和知识分子支持，才能赢得天下。还沉浸在抗战胜利喜悦中的涂长望相信虽然前进的道路曲折，可是不久将会看到旭日。他庆幸生而为中国人，因为马上可以大显身手，建设国家。同时，中央大学已经成立气象学系，马上迁回南京，涂长望希望葛德石捐赠书籍期刊。[4]

1946年2月涂长望去伦敦参加国际气象会议，4月经由华盛顿回国。在华盛顿见到了葛德石。战后美国，各大学都努力提高亚洲地理学研究和教学水平。在葛德石的推荐下，涂长望到雪城大学讲学两周，主要报告是东亚气候以及中国天气等。而雪城大学地理学系也有意聘请涂长望，但是涂氏谢绝了聘请。[5] 1948年国共内战之时，葛德石与涂

1 Tu to Cressey, May 29, 1944, George B. Cressey Papers, Box 14974, Folder 14, SUA
2 Tu to Cressey, June 1, 1944, George B. Cressey Papers, Box 14974, Folder 14, SUA
3 温克刚主编：《涂长望传》，北京：当代中国出版社，1997年，第220页。
4 Tu to Cressey, Oct. 5, 1945, George B. Cressey Papers, Box 14959, Folder 25, SUA
5 温克刚主编：《涂长望传》，北京：当代中国出版社，1997年，第250-252页。

长望师生二人又数次交换看法。[1]涂长望此时正投身政治民主活动。早在英国留学时期，涂长望就参加“反帝救亡大同盟”，被派往苏联参加会议，得以参观苏联。他十分欣赏苏联模式，同情共产主义。在重庆期间，涂长望就与八路军驻渝办事处有联系。当得知延安极其缺乏气象书籍和资料的时候，他曾将有关的教材以及他所收藏的书籍资料、天气图等一并转送延安。“二战”之后又与潘菽、梁希等人积极参与九三学社的活动，与中国共产党有了实际接触，因此他为国民政府所忌恨。

1949年初，涂长望一家在共产党地下组织的帮助下抵达北平，同年底被任命为中央军委气象局局长，不久改任中央气象局局长。因此，涂长望在新旧政权交替中基本上没有受到打击。一是因为涂长望政治上一直对苏联和共产主义抱有好感，同时他身为民主党派的活跃人物，为新政权的合法性所需；二是在学术专业上，气象学在新政权初期为急需学科。而涂长望与葛德石的师生关系国内知道的人并不多，以致徐近之说：“涂氏为葛德石高足，想来国内知者不多。”[2]经过徐近之如此在地理学报一宣传，想必地学界人人尽知。1949年之后，当葛德石在中国地理学界被人人喊打的时候，作为学生的涂长望却保持了珍贵的沉默。他只在思想汇报中，提及他1946年谢绝葛德石主持的雪城大学地理系的聘请，以示他早与葛德石划清界限。1962年，涂长望因积劳成疾竟先葛德石一年辞世。

总之，葛德石与涂长望的关系，亦师亦友。年长涂长望十岁的葛德石，自沪江大学时期就对涂长望关怀备至，对涂氏的学术之路影响甚巨。而涂长望对葛德石也是崇敬有加。这种跨越国界的师生之情在整个民国地理学界恐怕也是绝唱。

---

1 Tu to Cressey, Apr. 20 and July 20, 1948, George B. Cressey Papers, Box 14959, Folder 26, SUA

2 徐近之：《评葛德石之亚洲土地与人民》，《地理学报》1944年，第46页。

第六章 1949年之后的葛德石与中国

第一节 1951年中国之行

1.1950年中国之行计划

1948年9月，葛德石计划申请1950–1951年的富布莱特奖学金（Fulbright Fellowship）第四次到中国考察，评估中国的地理前景和潜力，开办地理讲座，并与中国同行交流。他希望拿到中国方面的邀请函。[1]为此，葛德石致信金陵大学校长陈裕光和中国地理研究所所长林超，询问可能的访学事宜。

陈裕光（1893–1989），江苏南京人，美国哥伦比亚大学教育学博士，金陵大学第一任华人校长。20世纪20年代，陈裕光就通过卜凯结识了葛德石，并力邀他前来金陵大学执教。1944年6月，陈裕光应美国国务院邀请赴美国访问讲学，参观大学，研究战后大学教育方针，考察美国大学教育的行政组织，接洽交换教授与学生，促进中美文化沟通。9月20日至26日，他在葛德石安排接待下访问了雪城大学。[2]对于葛德石的重访，陈裕光表示热情欢迎葛德石一家前来南京，但是金陵大学没有地理系和高等地理研究，而且目前学校的房子都难以满足本校教职工的需要，所以目前暂时不能提供住宿。不过，陈裕光许诺可以帮忙在校外找住宿之所。[3]

中国地理研究所所长林超因为父亲去世，正在广东揭阳老家奔丧，所以未能及时回信。直到11月，林超才得以回信欢迎葛德石再次光临，表示中国地理研究所的同仁对于葛德石作为研究员在重庆时期的工作记忆犹新，都期盼再次会晤葛德石。中国地理研究所可以提供办公设施，但是由于住宿条件有限，同样无法提供住宿。[4]12月，葛德石致电询问中央大学地理系，系主任李旭旦表示中国是葛德石的第二故乡（second home），欢

1 Cressey's Grant–in–aid Application for 1950, George B. Cressey Papers, Box 14962, Folder 4, SUA
2 王运来：《诚真勤仁，光裕金陵——金陵大学校长陈裕光》，济南：山东教育出版社，2003年，第79页。
3 Chen to Cressey, Oct. 16, 1948, George B. Cressey Papers, Box 14959, Folder 25, SUA
4 Lin to Cressey, Nov. 23,1948, George B. Cressey Papers, Box 14959, Folder 16, SUA

迎回家。中央大学地理系已经搬迁新居，地方宽敞，可以提供办公室、设备、图书资料及地图等。此外葛德石也可以申请中央大学教职工宿舍，但是他最担心的是目前中国混乱的局势可能会打乱访问计划。[1]1949 年初，国共内战正酣。葛德石为了计划 1950 年的行程，再次询问陈裕光国内局势。陈氏告知金陵大学已经结束了上学期，课程没有任何中断和削减。虽然学生只有平时的一半，但是春季还是照常开学。目前南京政治不明，前途未卜，可能会影响行程。待局势明朗，再行函告。[2] 在中国动荡的形势下，葛德石不得不将访问推迟至 1951 年。

1950 年，葛德石意识到访问中国的艰难性。因此，他同时致信浙江大学的竺可桢、北平师范大学的黄国璋、中央研究院气象所的涂长望、金陵女子大学的刘恩兰、中央大学的李旭旦、中山大学的罗开富、中国地理研究所的林超等人，表示为了了解中国地理学者近年的工作进展，同时也为了检验他的中国地理分区的基础，希望能为他明年冬季再次到中国考察提供帮助，并邀请他们参加 1952 年在华盛顿举行的国际地理学大会。[3] 在没有得到任何回信的情况下，9 月葛德石再次致信竺可桢表示国际地理学联合会与政治没有任何牵连，可以远离那些扰乱世界和平的外交难题，希望中国能派代表参加大会，并履行会员义务。[4]1951 年 2 月，葛德石终于收到竺可桢的回信。在由俄文标注的中国科学院台头的信笺上，竺可桢写道两大阵营日益对立，国际局势已经使得中国不可能派代表参加华盛顿地理学大会。不过，中国将派一名代表参加在列宁格勒召开的国际天文学大会。同时希望葛德石能使新中国在美国得以更好的理解。[5] 这是 1950 年之后，葛德石所能收到为数不多的大陆信件之一。几乎与此同时，他收到了徐近之从南京寄来的一张用铅笔写在废纸头上的短笺。徐氏告知，他在地理学报上发表了一篇关于国际地理学历次大会状况的论文，更重要的是中国地理学界与外界的联系必须经过官方批准。此时葛德石或许明白了那些信件为何石沉大海。[6]

2.1951 年港台之行

1951 年 1 月，葛德石以国际地理联合会主席的身份再次考察中国，但是他已无法进入中国大陆，只能在香港大学研究中国地理。此时葛德石的中国朋友也是四分五裂，多数留守大陆，丁骕暂居香港，其他朋友如洪思齐、张其昀等随往台湾。而葛德石尚未考察过台湾，所以他通过台湾师范大学地理系主任沙学浚表达去台湾访问的意愿，并转

1 Lee to Cressey, Dec. 30, 1948, George B. Cressey Papers, Box 14959, Folder 25, SUA
2 Chen to Cressey, Feb. 2, 1949, George B. Cressey Papers, Box 14959, Folder 26, SUA
3 Cressey to Chu Cohing, Huang Kuochang and Lin Chao etc, May 23, 1950, George B. Cressey Papers, Box 14959, Folder 24, SUA
4 Cressey to Chu, Sept. 28, 1950, George B. Cressey Papers, Box 14959, Folder 24, SUA
5 Chu to Cressey, Dec. 30, 1950, George B. Cressey Papers, Box 14959, Folder 28, SUA
6 Xu to Cressey, Feb. 10, 1951, George B. Cressey Papers, Box 14959, Folder 16, SUA

达对老友洪思齐的问候。沙学浚（1907—1998），江苏泰州人，1930 年毕业于中央大学，1936 年德国柏林大学地理学博士。沙学浚欢迎葛德石前来台湾。[1] 而张其昀已被任命为新成立的中央改革委员会总干事，他非常欢迎葛德石考察台湾，愿意提供一切协助。洪思齐得知消息后也致信问候葛德石。洪思齐一直在清华大学地理学任教，1949 年 5 月来台，现在台湾师范大学地理系任教，并编纂了一套中国地理教科书。[2]1951 年 3 月，葛德石如约访问台湾，见到洪思齐等人，葛德石的到来深深地鼓舞了台湾的地理同行。葛氏在台湾考察一个月后，于 4 月返回美国。

葛德石此次访问台湾还有一个目的。自 1949 年在国际地理学大会里斯本会议上葛德石被选为主席，他开始致力于将世界地理学会由区域性变为国际性，使世界各地的地理智识与学术得以广泛交流。国际地理联合会里斯本会议之后已有 35 个成员国，会员类别有八种，每个国家可选择一种，每个国家的年费为 100 美元。中国自 1949 年加入之后，就再也没有过缴纳会费。[3] 葛德石再与竺可桢等多次通信后得知大陆已无心加入，所以他建议台湾加入国际地理联合会。洪思齐将其计划转告中央研究院，朱家骅很支持并决定成立 IGU 中国委员会。而洪思齐本人也希望代表“中华民国”参加 1952 年华盛顿国际地理学大会，宣读中国地理研究论文。[4]

虽然葛德石这次港台之行未能到大陆，但港台为葛德石近距离观察大陆提供了一个机会。葛德石在香港遇到很多从金陵大学、岭南大学等转道香港的美国传教士，借此了解到当时大陆形势，全国报纸尽在揭露和批判“美国帝国主义实行文化侵略的罪行”，而在教会大学反美运动尤为激烈。例如在岭南大学，由系主任和教员带领的游行队伍包围外国教员的家，举着要他们离开的标语，呼喊口号进行谴责。如果在美国教授家里发现地图，他就被怀疑为间谍。如果收到国外的来信，就被列为怀疑对象。来往香港的信件不在审查之列，可是在措辞上也要非常小心。所以葛德石建议不要直接联络中国大陆，以免造成麻烦。[5]

在返美前夕，葛德石致信《纽约时报》，阐述了他对中美关系的看法。“中国正在复制苏联，一方面中共有着忠实的官员、稳定的价格和良好的铁路服务；另一方面，中共又趋向集权化和警察国家。目前反美情绪日增，在中国，任何与美国有关的人和机构都陷入了危险之中，形势每况愈下，我不知我们的国务院采取了何种行动，可是我们迟早要承认这个政府。中国必须解决自己的问题，如果民族主义走得过头，外界力量就无法

---

1 Sha to Cressey, Feb. 8, 1951, George B. Cressey Papers, Box 14960, Folder 10, SUA

2 Hung to Cressey, Feb. 24, 1951, George B. Cressey Papers, Box 14960, Folder 10, SUA

3 International Geographical Union information and Mailing List as of May 1951, George B. Cressey Papers, Box 14962, Folder 13, SUA

4 Hung to Cressey, Mar. 30, 1951, George B. Cressey Papers, Box 14960, Folder 10, SUA

5 Cressey to American Baptist Society, Feb. 11, 1951, George B. Cressey Papers, Box 14967, Folder 3, SUA

施加帮助。美国能提供帮助，但是邀请一定要中国发起。现在美国在亚洲的主要问题是使人们相信我们是他们的朋友，而不是仅仅利用他们制衡苏联。许多中国的知识分子不认同美国，我们应该考虑他们的观点。可是现在美国外交政策是反共优先于民主。”[1]

1952 年 8 月 8 日至 15 日，第十七届国际地理学大会在华盛顿召开。葛德石在大会主席发言中指出国际地理联合会是一个没有政治意图的专业性组织，可是我们必须承认冷战的现实。洪思齐代表台湾出席大会，并做了题为 The Geographic Regions of China and Their Subdivisions：A Study in Methodologies 的论文宣读。在葛德石使用过的会议日程手册上，洪氏的发言被他用绿色水笔重点标出，看来葛氏聆听了此次演讲。[2] 最后大会决定：由于在主席和秘书处一再催促下，中国大陆未缴纳会费，将被终止资格直至履行义务。一同被终止的还有匈牙利、波兰和罗马尼亚等国家。

华盛顿会议之后，葛德石卸任国际地理联合会主席，但他并未放弃劝说中国加入国际地理联合会。甚至在 1956 年，他还致信竺可桢说：“我现在已从世界地理联合会卸任了主席一职，也非执委会成员，所以这纯粹是一封私人信件，基于我们长期的专业友谊。世界地理联合会是一个专业性和非政治性的学术组织，由近五十个国家组成。自从 1949 年，台湾继续缴纳会费，而北京却因为停止缴纳会费而被终止资格。我希望北京继续申请会员，请不要轻易退出 IGU。”[3] 此时大陆地理学界已是风声鹤唳，竺可桢是否收到这封信都是问题。

第二节 葛德石的批判

1. 葛德石在美国的批判

太平洋学会（IPR）是在 1925 年成立，志在研究环太平洋地区各民族状况，促进相互理解的国际性学会。它曾赢得了学者、官员、记者以及商人的广泛尊重，其影响在“二战”时期达到顶峰。可是“二战”以后，特别是中国政权更迭之后，麦卡锡主义指责太平洋学会同情共产主义，为失去中国负责。在强大的压力下，辉煌一时的太平洋学会在 1950 年被迫解散。[4] 麦卡锡主义（McCarthyism）是 20 世纪 50 年代初，由美国参议员约瑟夫 · 麦卡锡在美国发起的全国性反共运动。麦卡锡任参议员期间，大肆渲染共产党侵入政府和舆论界，促使成立调查委员会，怀疑和迫害许多知识分子。

---

1 Cressey to New York Times, Apr. 2, 1951, George B. Cressey Papers, Box 14967, Folder 3, SUA

2 IGU,1952, George B. Cressey Papers, Box 14963, Folder 4, SUA

3 Cressey to Chu, Aug. 31, 1956, George B. Cressey Papers, Box 14969, Folder 8, SUA

4 John N. Thomas, *The Institute of Pacific Relations: Asian Scholars and American Politics*, Settle: University of Washington Press, 1974, p53

葛德石 1925 年加入太平洋学会，其研究多次受到学会的资助，后来葛德石又担任太平洋学会的董事，所以葛德石与太平洋学会关系密切。而葛德石自身又研究中国和苏联，所以葛德石自然是重点目标。葛德石曾多次被美国联邦调查局调查，但没有发现任何证据，而在雪城大学，校长托雷也给予葛德石坚定的支持。葛德石在太平洋学会的朋友则没有如此幸运，特别是欧文 · 拉铁摩尔。

欧文 · 拉铁摩尔 (Owen Lattimore，1900–1989)，美国著名汉学家，蒙古学家，曾任太平洋学会下属期刊《太平洋事务》的主编和蒋介石的私人顾问。拉铁摩尔在天津长大，精通汉语和蒙古语，长期在中亚考察研究。因为共同的学术兴趣，葛德石早就与拉铁摩尔时有来往。在《中国的地理基础》中的新疆部分，因为葛德石从未考察过新疆，所以许多资料和照片均为拉铁摩尔提供，而且此书出版后，拉铁摩尔在《纽约时报》上称赞葛德石将汉学研究提高到一个新的高度。1940 年拉铁摩尔的代表作《亚洲内陆的边疆》出版，葛德石在书评中赞叹此书穷尽资料，拉铁摩尔深表谢意。[1] 拉铁摩尔以其对亚洲的卓越研究成为美国远东政策的主要塑造者之一，因此他也成为主要攻击对象之一。

1950 年，拉铁摩尔被麦卡锡主义者指责为苏联特务，接受了长达三年的调查和审判。而他曾以为是好朋友的人却完全销声匿迹，还有一些人甚至提供了不利的证词。[2] 在人人自危的时候，葛德石挺身而出作证：“我认识拉铁摩尔二十年，很显然他是一位杰出的学者，因为他的贡献美国更富强。我对他的爱国精神没有任何疑问，将其指责为苏联间谍是无稽之谈。我翻阅了麦卡锡听证会五千七百一十二页的调查，他的错误很微小。许多证据都是从他十年前的信件中刻意寻章摘句出来的，而且没有经过验证。……我加入太平洋学会已经二十年，作为董事也将近十年。没有它的贡献，我们的大学研究、政府政策、公共意见都会更糟。太平洋学会纯粹是一个追求事实的学术机构，很多人都为它写过事实性的文章，一些可能显得离经叛道，但不是叛国。我不知道任何太平洋学会不忠于美国的证据。”[3] 这也可见葛德石作为一个学者的品格与操守。

1951 年，葛德石辞去地理系主任之职，成为雪城大学第一位麦克斯韦尔教授 (Maxwell Professor)。1952 年葛德石因对太平洋地区的地理研究获得美国地理学会的乔治 · 戴维森奖章。此时，虽然美国国内反共浪潮甚嚣尘上，葛德石却一直致力于恢复中美之间的联系。早在 1949 年 9 月，葛德石就致信《纽约时报》批评美国对华政策的错误。他指出：“美国对华政策的第一个目标是推进中国的福祉，不过目前美国的重点似乎只是反对苏联和共产主义，而非中国的民主和中国自己的利益。我们对华失败的重要原因之一就是我们所做并没有赢得中国人民的支持。对他们而言，我们的政策好像只是出于政

---

1 Lattimore to Cressey, June 24, 1940, George B. Cressey Papers, Box 14969, Folder 12, SUA

2 矶野富士子整理：《蒋介石的美国顾问——欧文 · 拉铁摩尔回忆录》，上海：复旦大学出版社，1996 年，第 216–219 页。

3 In Defense of Lattimore, Post Standard, Dec. 22, 1952, p.8

治应对，军事项目则更似帝国主义，目的使中国变成我们与苏联的战场。因此若想成功，美国必须设身处地从中国自身的利益考虑而非我们假设的福利。共产主义中国已是事实，我们应该继续与新政府发展友好的关系，而非天然地敌视他。我们曾经支持一个不受欢迎的政府，现在不能一错再错，反对一个中国人民接受的政府。”[1]

1954 年 2 月，葛德石再次以一个从事了三十年中国研究的地理学家身份上书总统艾森豪威尔，对中美关系提出三点建议：一、台湾国民党没有希望重返大陆，美国必须尝试与共产党打交道，长远的战略是将北京与莫斯科分别对待，莫斯科政治上可以影响中国，但要支持北京在经济上独立，不依赖苏联，这是必要的，也是可行的；二、在一两年之后，只要北京遵守起码的外交礼仪和条约规定，美国就可以承认北京政权。实施程序可以为，先允许日本与北京贸易，然后美国逐渐同中国大陆直接贸易，在北京加入联合国的问题上美国不动用否决权，最后正式承认北京政权。三、台湾问题。这是很棘手的问题，只要台北和北京都宣称自己代表中国，就不可能有解决办法。美国将继续支持蒋介石，但美国显然也要进行一些调整。[2] 3 月，美国国务院助理国务卿 Walter Robertson 给葛德石回信，申述美国政府的立场：美国毫无选择地制裁中国的共产党政权，限制他们与自由世界的贸易，在政治上孤立他们。美国只承认台湾的中华民国是中国的合法政权，在联合国代表中国。美国对共产党的任何缓和，都会增强他们军备的经济基础，使他们无虑地进攻邻国，承认中共政权，接受他们在国际社会的合法性，无疑会提高他们的声望。另外，鉴于意识形态的联系与共同的利益，美国看不出北京与莫斯科之间有任何分歧。美国目前的政策是，迫使北京向苏联索求苏联无法提供的援助，这样造成两者关系的紧张。[3] 对此立场，葛德石无可奈何。

在受到攻击的 20 世纪 50 年代，葛德石仍未放弃对中国的关注与研究。1955 年，葛德石通过研究中国的第一个五年计划发现：中国从一个落后的农业国变为工业国方面已经取得巨大成就，但也付出了巨大代价。不过，如果中国经济潜力被充分实现，它将最终超越日本，成为东亚的主导力量。[4] 同年，葛德石出版了中国地理研究新著《五亿人口的土地》(*Land of the 500 Million, a Geography of China*)。此书共分十四章，葛德石在每章开头都引用了一句中国的谚语，概括本章的内容，然后请胡适题写标题。这些谚语的选择还是十分的精当。例如第一章题名五亿人民，主要论述中国人口地理，葛德石选用《尚书 · 五子之歌》的“民为邦本，本固邦宁”。当然谚语的选定，葛德石请教了不少中国学者。此时大陆音讯已断，葛德石转而求助在美国的中国学者，如纽约哈特威克学院（Hartwick College）汉学系系主任的柳无忌。柳无忌（1907—2002），文学家，

1 Cressey to New York Times, Sept. 8, 1949, George B. Cressey Papers, Box 14969, Folder 21, SUA
2 Cressey to President Esienhower, Feb. 15, 1954, George B. Cressey Papers, Box 14972, Folder 1, SUA
3 Robertson to Cressey, Mar. 12, 1954, George B. Cressey Papers, Box 14972, Folder 1, SUA
4 Post Standard, Jan. 30, 1955

美国耶鲁大学博士，著名诗人柳亚子的哲嗣。1946 年开始执教美国，对中国文学和西方文学均有研究。柳无忌为葛德石推荐了此书第六章和第十三章的谚语。例如第十三章主要论述蒙藏新疆地理，柳无忌建议谚语为‘中华五族，汉满蒙回藏。’[1] 此时雪城大学也有一位中国学者钟开莱。钟开莱（1917–2009），著名数学家，美国普林斯顿大学博士，20 世纪 50 年代曾执教雪城大学数学系。但钟开莱毕竟是数学家，他直接推荐‘关外’用来命名第十三章。[2]

在此书中，葛德石指出地理的功能是了解某一区域的全部景观，其中包括自然景观与人文景观，并对于某一区域内各地的个性有适当的评价，中国境内有许多大问题不能企望地理来解决，但地理的本身，可以作为现在人类生活方面及政治、经济、社会潜力方面评价的基础。地理研究不是万能的，但可防止许多错误。中国各项建设如果在地理资源方面不先作详细调查，绝不可产生尽善尽美的设计。在此书中，葛德石充分表达了世界各地人们之间的相互理解能够消除现代世界紧张的信念。中国在今日和将来的重要性是与世界息息相关，一个准确完成的中国地理特征目录对估量她的重要性是必要的。[3]

1959 年，继费正清之后，葛德石凭借对包括中国在内亚洲的卓越研究，被美国亚洲研究协会选为主席。他与芝加哥大学的 Ginsburg 教授和耶鲁大学的 Wien 教授一起倡导，加大中国的研究力度，培养更多研究中国的学者。葛德石意识到鉴于当前冷战形势，中美两国学者的交流尚需时日，可是他希望这些曾在中国踏勘的学者能与青年一代的学子分享他们的经验，未雨绸缪，为将来的中美交流做准备。[4] 1961 年 10 月，葛德石在一次大学演讲中声称中苏将彻底决裂，因为当中国感到自身能发展工业时，绝不甘心沦为苏联的卫星国。葛德石警告美国不要背弃中国，因为中国最终会变成一个工业大国，并制造原子弹。最后，葛德石提醒美国听众应该准备迎接中国加入联合国，并且被华盛顿承认的时刻。[5]1963 年 10 月 21 日清晨，葛德石在家中逝世。在不到十年的时间，葛德石以上的预言均得到应验。

总之在美国，葛德石对外交政策典型地直接批评，使他不容于一些政府官员。在麦卡锡运动中，研究中国和苏联而著名的葛德石自然榜上有名，被怀疑同情共产主义接受调查。他不为所动，继续中国地理研究，为恢复中美交流而鞠躬尽瘁。而在中国，他则被新政权视为美国华尔街的走狗和战争贩子，这种困境也体现了学者试图对争议的公共政策提供客观解读时候的内在危险。

---

1 Liu to Cressey, Nov. 9, 1953, George B. Cressey Papers, Box 14972, Folder 13, SUA

2 Zhong to Cressey, Oct. 21, 1953, George B. Cressey Papers, Box 14972, Folder 13, SUA

3 邹豹君：George B. Cressey: Land of 500 million, A Geography of China 书评，台湾《清华学报》1958 年 9 月 1 卷 3 期，第 184–189 页。

4 Theodore Herman, “George Babcock Cressey, 1896–1963”, Annals of the Association of American Geographers, Vol. 55, No.2 (Jun., 1965), p.363

5 Herald Journal, Oct. 30, 1961

2. 葛德石在中国遭到的批判

当葛德石在美国不惜被指责，为沟通中美关系而奔走呼喊的时候，中国新政权对葛德石的批判也已经悄然展开。1949 年 11 月 29 日，孙敬之在《人民日报》指出："葛德石作为资产阶级地理学家，在《中国的地理基础》中宣传马尔萨斯的人口论。他主张用"节制生育"（和平的杀人名词），解决中国土地问题。他反对过早地爆发革命，居心何在，不必再费唇舌了。这本书在中国影响很大，除极少的语句可取外，绝大部分观点是反动的，希读者注意。"[1] 孙敬之（1909–1983），河北深泽县人。1933 年北平师范大学史地系毕业后，成为一名中学地理教师。1939 年被推荐到华北联合大学学习（中国人民大学前身），后留校任地理教员。孙敬之是中共党内培养的为数不多的地理学家之一。孙本人很早就致力于地理如何服务政治的工作。1948 年，他就在《冀中教育》杂志上发表《地理教学应该注意到几个问题》的文章，强调地理与政治之间的联系，主张地理教学应该贯彻政治思想。同年，孙敬之结识对地理颇有兴趣的徐特立，探讨建立马克思主义地理学。[2]

1949 年中华人民共和国刚成立，取得正统的孙敬之就开始批判所谓的资产阶级地理学。葛德石作为研究中国地理而闻名的西方资产阶级学者，正中下怀，所以才有了以上在《人民日报》上对葛德石的批判。但孙敬之此文重点论证的还是地理教学如何贯彻政治思想，并非针对葛德石，葛德石只是一个反面例证，主要因为他的人口观点。这在孙敬之 1950 年出版的著作中重新得以体现。"从葛德石《中国的地理基础》第一章人口压力这一标题，就可以看到作者的结论逃不出'饥饿常常只是由于人口增加，超过了食物供给之结果'；（十六页）'农场都是那样的小，家庭都是那样的大，所以不敢作危险性的实验，而资本也不足以供有利的改良。'（七十二页）他把中国半殖民半封建社会所造成的人口过剩现象，把农民不能创造农具，改革农作方法都归因于人口的增加，为马尔萨斯人口论找根据。"[3] 这都是陈翰笙 1934 年观点的翻版。总而言之，在 1952 年之前，新政权并没有发动针对葛德石的批判，葛德石只是因为人口观点与当时意识形态不符合而受到连带批判，中国地理学界仍引用葛德石，葛德石在中国的学术生命直到 1953 年思想改造才骤然改变。

1950 年 10 月，抗美援朝战争使中美关系跌入谷底，中国国内开始大规模地开展批判美帝国主义的运动，清算美国的影响，地理学界也不能置身其外。例如 1951 年 1 月，中国地理学会南京分会筹备会在主席任美锷的主持下，由南京大学地理系主任李旭旦做了《美帝侵略的地理思想》报告，从美帝的发展及领土扩张，民族优越感，地缘政治学，美帝独霸世界的政策等四个方面清算了美帝侵略的地理思想，吴传钧、刘恩兰等先后发言。[4]

---

1 孙敬之：《人民地理教师怎样贯彻思想政治教育》，《人民日报》1949 年 11 月 29 日第 5 版。
2 王从军：《孙敬之传》，北京：新华出版社，1993 年，第 49–55 页。
3 孙敬之：《地理学与地理教学》，北京：新潮书店出版社，1950 年，第 10–11 页。
4 《美帝侵略的地理思想》（座谈会记录），《地理知识》1951 年第 2 卷第 2 期，第 26–30 页。

1952年3月，上海的中华书局出版了一本苏联科学院地理研究所编的论文集中译本，题名为《为美帝服务的资产阶级地理学》。此书主要是以马列主义的观点批判现代美国资产阶级地理学，指出它的错误及反动性，并指出其错误与反动的根源，更重要的是指出资产阶级地理学怎样为美帝国主义的侵略政策服务。在书中，苏联地理学家义愤激昂地反复论证美国地理学者是帝国主义侵略计划的帮凶，其主要表现在两方面：一方面图谋寻找貌似科学理论的理由，来证明帝国主义的侵略计划及对殖民地人民的残酷剥削都是对的；另一方面，为军事侦探工作准备具体的地理资料，以便充作帝国主义侵略的罗盘针。[1]

中国科学院的思想改造运动已经在1952年1月开始。4月14日，刘大年与中科院副院长竺可桢谈话，指出竺氏属于统治阶级，有崇美思想，作客思想。在浙大时候敌我不分，还为殖民主义辩护；但由于"没有政治野心，没有欲望，问心无愧，……生活严谨，没有贪污"，因此需要从行动上站在人民一边。经过半年的精神折磨，竺可桢已经难以忍受，他在5月12日的日记中用"年衰力薄"、"真同走尸"、"动辄得咎"、"坐领干薪"等词语来表达自己的痛苦心境。[2] 此时，整个地理学界的思想改造已是万事俱备，而南京大学地理系徐近之的一篇会议报告则成为了东风。1950年徐近之曾在《地理学报》上介绍国际地理大会的历次概况，指出国际地理学大会对地理学的推动作用。[3]1952年，葛德石担任主席的国际地理学大会即将在华盛顿召开使得徐近之的旧文成为地理学思想改造的突破点。

1952年4月，马克思主义地理学旗手孙敬之在《人民日报》发表文章呼吁肃清地理学中的崇美思想，指出中国仍有许多地理学者在公开或暗地里散播崇美思想的毒素，实际上替美国资产阶级服务。例如由中国地理学会编辑、中国科学院印行的《地理学报》十六卷发表的徐近之《国际地理大会历次概况》一文，就是这样彻头彻尾地为美国资产阶级反动思想所浸透了的文章。孙认为这篇文章恬不知耻地颂扬了一切为帝国主义侵略作帮凶的资产阶级地理工作者。他所介绍的所谓"国际地理大会"——第十七次"国际地理大会"，它的"会长"正是曾任美国国务院前驻华文化专员、现任美国政府中国顾问的文化特务葛德石。葛德石虽然写了《亚洲之地与人》、《中国的地理基础》、《苏联国力的基础》等书，但并不是为了研究什么学术，而是为了替美国金融寡头搜集情报，散布帝国主义的侵略思想。他曾这样掩盖帝国主义、封建主义、官僚资本主义在旧中国所造成的严重饥饿现象的真正原因："(中国）饥馑常常只是由于通常的人口增加，超过了食物供给之结果。"("中国的地理基础"、开明中译本、第一六页）因此，他主张用"节制生育"(即杀人不见血的方法，他希望我们自己多杀死几个孩子，但是斯大林告诉我们，

1 苏联科学院地理研究所编，田蒙译：《为美帝服务的资产阶级地理学》，上海：中华书局，1952年，第4页。
2 《竺可桢全集》第12卷，上海：上海科技教育出版社，2007年，第599–610页。
3 徐近之：《国际地理大学历次概况》，《地理学报》1950年第16卷，第111–129页。

人是世界上一切财富中最宝贵的财富——孙注）来解决中国的“人口过剩”问题。[1]

1952 年 5 月，中央人民政府出版总署编审局地理组组长田世英在《地理学报》上再次批判徐近之的文章，指出：“《地理学报》第十六卷徐近之文章，看了之后，想不到在今日的中国地理学界，依然像半殖民地半封建时代的中国地理学界一样，出现了这样一篇奴颜婢骨赞扬国际地理大会的文章。国际地理大会是资本主义，帝国主义的发展和需要。第十七次国际地理大会今年就在美国召开，而且这次大会的主持者，是中国地理学界熟知的所谓美国的“中国通”，蒋家政府的“上宾”——一度担任美国国务院驻华文化专员的葛德石氏，他是第十六次国际地理学大会的副会长，兹被推为第 17 次大会的会长。”[2] 这位看似熟知葛德石底细的田世英，其实和葛氏还是有点渊源的。田世英（1913–1994），安徽砀山人，1940 年西北联合大学地理系毕业之后，在四川从事地理教育工作。在川期间，田世英曾帮助朋友薛贻源接洽出版葛德石的《中国的地理基础》一书。而在其旧作《地理学新论及其研究途径》一书之中，田世英在中国地理部分推荐葛德石之书，并且两次援引葛德石的观点，论证华北的地理景观和中国的南北分界线。[3]1952 年 6 月，徐近之被迫在《地理学报》上作检讨，孙敬之跟进发表对于徐近之检讨的意见。[4] 但这远未结束。

1953 年 3 月《人民日报》再次批评《地理学报》严重缺乏政治思想，指出地理学报作为一个全国性的关于地理科学的学术刊物，全国解放以来一共出了三卷。虽然它有一点成绩，如刊载了一些关于气候、地文和水文等学术的研究，实地调查报告，以及苏联地理学会的组织和活动的介绍等，但它却存在着严重的缺点和错误。其中很多文章的立场、观点和方法都是非常错误的。例如，任美锷的“四川省农作物生产力的地理分布”一文，就是站在资产阶级的立场，用形式主义的观点和抽象的方法来说明问题的。徐近之的“国际地理大会历次概况”一文，正如孙敬之的“对于徐近之‘国际地理大会历次概况’检讨的意见”一文指出，“是一篇反动透顶的文章，几乎每一句话都带有毒素，每一个论点都是反动的”。刘恩兰的“四川理番高地四土之社会经济”是一篇旧稿，不仅充满着大汉族主义和地理环境决定论的色彩，并且所描写的实际上完全是国民党反动统治时代的情况。虽然在《地理学报》上刊出了三篇批评文章和三篇自我检讨，但是它们有一个共通之点：都说自己的检讨是初步的、不深刻的，实际上是对检讨采取着应付敷衍的态度。

---

1 孙敬之：《肃清地理学中的崇美思想》，《人民日报》1952 年 4 月 25 日第 3 版。

2 田世英：《国际地理大会的透视——评徐近之：“国际地理大会历次概况”》，《地理学报》1952 年 5 月第 18 卷第 3、4 合期，第 123–128 页。

3 田世英：《地理学新论及其研究途径》，上海：商务印书馆，1947 年，第 163 页。

4 徐近之：《我对于“国际地理大会历次概况”一文的检讨》，1952 年 6 月第 18 卷，第 129–130 页；孙敬之：《对于徐近之“国际地理大学历次概况”检讨的意见》1952 年 6 月第 18 卷，第 131–133 页。

为什么《地理学报》会产生这样严重的缺点和错误呢？其主要原因首先是《地理学报》一贯忽视政治思想领导工作。它既没有刊登任何介绍有关新地理学理论的科学论文，又没有对资产阶级的地理学作任何系统的批判，更没有组织各地地理学工作者进行马克思列宁主义的学习。其次是《地理学报》编辑委员会对批评和自我批评缺乏正确的认识。例如徐近之的“我对于‘国际地理大会历次概品’一文的检讨”，正如孙敬之所指出的，竟包括着这样三个特点：一、“掩盖错误、避重就轻”；二、“坚持错误、进行反攻”；三、“敷衍搪塞、不愿改过”。同时，《地理学报》对于自己刊登了这样错误的文章，也不作深刻的检讨，而采取了极不老实的态度。这样的做法，显然就是以资产阶级的思想，来对待批评和自我批评。其结果不仅阻碍了自己，并且更阻碍了地理科学的前进。再次是《地理学报》第十六卷出版后一年多以来，才有地理学界同人提出对错误文章的批评。这说明在我们很多地理学工作者中，还残留着严重的自由主义和“师徒关系”。他们互相吹嘘，各不触犯。总之，《地理学报》三年来存在的缺点和错误，是令人难以容忍的。因此，建议中国科学院加强对《地理学报》的领导，使《地理学报》成为一个具有高度政治性、思想性和科学性的学术刊物。

在强大压力之下，中国地理学会会长竺可桢，书记孙敬之共同做出回应，承认错误，“产生错误的主要原因，在于当时‘地理学报’的编辑缺乏对人民负责的态度，缺少或者没有马克思列宁主义的修养。他们因袭着资产阶级客观主义的编辑方法，单纯地强调来稿的“学术性”，而不问稿子在政治上思想上有无错误。甚至有些人在思想上、立场上还没有很好的改造和转变，自然就不能辨别文章的错误所在和批判这种错误，更说不上有意识地介绍苏联先进的地理学理论了。”最后他们承诺加强审稿制度，努力提高该刊的政治思想性与科学性。[1]经过这样往复的批判和检讨，地理学界统一了思想。在此背景下，葛德石不仅仅因为学术观点不合时宜而被批判，转而成为美帝国主义在中国地理学界的代言人和文化特务，所以完全肃清葛德石在中国地理学上的影响成为必要。

1956年，孙敬之的学生张同铸在《地理学报》发表一篇至少压制中国人文地理二十年的文章，即《为帝国主义服务的人文地理学》。由于这篇文章被认为属于纲领性文章，所以又有单列本出版。文章指出人文地理学属于唯心的、形而上学的资产阶级学术，是流行于现代资本主义世界的帝国主义思想武器之一，它以研究自然与人生，即地理环境与社会发展为主题，散布地理环境决定人生活动，决定社会发展的思想毒素。四十年来，它在旧中国地理学界已建立了牢固的统治，直至今天，仍然没有从我们地理工作者的思想中彻底予以清除。我们必须和这种唯心的反动地理思想进行不调和的斗争，揭露它，批判它，并最后地肃清它。不这样，马克思列宁主义地理科学就不能充分发展，地理科

1 竺可桢，孙敬之：《中国地理学会对本报批评“地理学报”的答复人民日报编辑部》，《人民日报》1953年5月17日第3版。

学在伟大的社会主义建设中不能发挥应有的作用。

在文章的最后部分，葛德石被重点批判。“我们必须揭露帝国主义分子葛德石对我国的毒害。葛德石在中国多年，以上海沪江大学教授身份在我国进行侦察活动。他著的关于中国的主要作品有两本，即中国的地理基础（1934 年）和亚洲之地与人（1944 年，其中一部分讲中国），它们都被译成中文，在旧中国地理学界，‘被视作一册珍贵的参考用书’，并且有些中国地理学家，还公开予以介绍捧场。葛德石在这些书中所表达的中心思想是什么呢？首先，他强调了中国人口的压力太大与过剩。在中国的地理基础里，他认为中国已经人满，中国已很少可耕作未耕的土地。但是解放后，据初步调查，我们的可耕荒地有十五亿亩之多。葛德石还认为中国的农田单位面积产量水平已近经济的极限，解放后，年年有所增长。葛德石的罪恶目的，不过是要把中国人民贫困的原因诿之于人口与自然条件，为三大敌人的压榨进行辩护与掩饰而已。葛德石还认为中国石油、铁等矿产资源匮乏，中国工业化困难，必须依靠美国援助，历史进程已经摧毁葛德石的一切谬说。几年来勘探的结果，已经初步证明中国有丰富的矿藏。中国的工业化是在苏联无私援助下进行的，而美国只给予封锁和禁运。应该指出，在帝国主义分子中，葛德石不过是其中之一，其他像亨廷顿、卜凯、拉铁摩尔等人，都曾对中国社会现象进行恶意的歪曲，散布有害的毒素，我们必须予以清算，使中国地理学健康前进。”[1]

1957 年，葛德石在美国的学生谢觉民读到了这篇文章并函告葛德石，指出在这篇类似政治机关的讲话而非地理的学术论文中，葛德石被批判主要因为他在书中提及中国人口过密，土地利用已至极限，工业化有很多困难，因为缺少矿产，特别是铁和石油。而张同铸文章认为这都是错误的，因为新中国已经发现大量未开垦的土地和工业化的巨大潜力。葛德石还提到如果中国工业化，必须要增强与美国的联系。张文认为只有苏联真正帮助中国，而非美国。最后谢觉民安慰葛德石道：“您的书对世界知识界贡献巨大，但是没能服务中共的宣传意图，不仅您被严厉批判，几乎所有著名西方地理学家都有错误，特别是他们有关中国部分的工作，如亨特纳、白兰士、亨廷顿、鲍曼、卜凯和拉铁摩尔。[2] 如果说此次葛德石还只是被绑定批判，那么不久葛德石就被单列出来专门批判。1958 年徐兆奎在《地理学报》发表《葛德石反动地理学思想批判》一文，以马克思主义思想系统批驳了葛德石的反动地理学，从而使葛德石的名字在大陆地理学界消失了。[3]

---

1 张同铸：《为帝国主义服务的人文地理学》，北京：新知识出版社，1956 年，第 49—51 页。
2 Xie to Cressey, May 24, 1957, George B. Cressey Papers, Box 14969, Folder 10, SUA
3 徐兆奎：《葛德石反动地理学思想批判》，《地理学报》1958 年第 2 期，第 103—117 页。

第七章 余 论

葛德石一生四次前来中国。1923 年，葛德石以传教士的身份第一次前来中国执教。1934 年，葛德石以国民政府江浙地理协调员的身份，第二次前来中国考察。1943 年至 1944 年，葛德石以美国国务院访问教授身份，第三次前来中国沟通中美关系。1951 年，葛德石以国际地理联合会主席身份，第四次前来中国，但只在香港和台湾进行访问交流。

1923–1929 年，初出茅庐的葛德石第一次来华。中国地理学正在草创时期，葛德石主要依托中国地质学会和美国太平洋学会，构建研究中国的学术网络。在中国地质学会方面结交了翁文灏、葛利普、李四光以及巴尔博等。在太平洋学会方面则结识卜凯、刘大钧以及欧文 · 拉铁摩尔等。中国六年的地理考察与研究奠定葛德石在作为亚洲地理权威的地位。

1934 年，葛德石在《中国的地理基础》出版后声誉日隆。而中国地理学会成立标志着中国地理学的学术自立，葛德石随之交往的中国地理学者也不断增加，扩大至黄国璋、张印堂、洪思齐、涂长望等。1934 年国民政府聘请葛德石江浙地理考察，既是对葛德石中国地理研究的认可，也标志着葛德石中国研究的暂时结束。随后，葛德石的学术重心转向苏联。

1943 年底，葛德石再次来华，功成名就的葛德石对中国地理学界的影响更加广泛。他兼任中国地理研究所研究员，与中国地理学者交往进一步扩大至中国的新生代学者如林超、李旭旦、任美锷、徐近之等，为中国地理学界提供及时的学术信息和资源。战后，葛德石积极参与中国地理学重建，招收中国留学生，推动中国加入国际地理学会。综观葛德石影响中国地理学的途径主要是多通过欧美背景的中国地理学者，如竺可桢为哈佛大学，黄国璋为芝加哥大学，李旭旦为剑桥大学，张印堂、涂长望与林超为利物浦大学，任美锷和徐近之为格拉斯哥大学等，但这更从一个侧面反映了西方对中国近代地理学的重要影响。

总之，葛德石 1923 年来到中国至 1950 年与大陆失去联系。在这近三十年间，葛德石在中国地理教育、中国地理考察与研究以及与中国地理学界的交往上，都为近代中国地理作出重要贡献。另一方面，中国地理不仅改变了葛德石的学术兴趣，同时也成就了葛德石。地理学成为葛德石解读中国的工具和途径，他一生致力于从地理上推动中美两国之间的相互理解。因此，葛德石在一定程度上已经超越地理学，成为汉学家。

附录Ⅰ：葛德石年表（侧重与中国有关部分）

1896 年 12 月	生于美国俄亥俄州蒂芬
1910 年	葛德石的表哥葛德基前往中国传教
1919 年 6 月	美国丹尼森大学地质系毕业
1921 年 6 月	美国芝加哥大学地质系硕士毕业
	葛德石的弟弟保罗 · 葛德石前往汕头教会学校教英语
1922 年	耶鲁大学地理系师从亨廷顿
1923 年 6 月	芝加哥大学地质学博士
	9 月通过苏联西伯利亚抵达上海，前往北京华语学校学习汉语
1924 年	在华北协和华语学校学习汉语
	上海沪江江大学创办地质地理系
	加入中国地质学会
1925 年	在上海结婚
	夏天考察内蒙古，甘肃和青海
1926 年	考察滦河未果，被抢劫
	出席东京太平洋会议，宣读论文
	长女在上海出生
1927 年	考察中国西北
1928 年	考察鄂尔多斯和阿拉善地区
	出版《中国地理》
	长子在上海出生
1929 年 6 月	回美国
	9 月入哈佛大学研究助理，写作
1930 年	从沪江大学辞职
	9 月进入美国克拉克大学地理系，攻读博士

1931 年 6 月	获得美国克拉克大学地理学博士，论文为《内蒙古的鄂尔多斯》
	7 月受聘美国雪城大学，任地质地理系主任
1932 年	《中国地理》手稿在上海商务印书馆被日军炸毁
	在太平洋学会资助下重写《中国地理》一书
1933 年	在芝加哥世界博览会上展览黄土高原模型
1934 年 1 月	《中国的地理基础》出版
	6 月至 10 月 江浙地理考察
	10 月，联系涂长望翻译《中国的地理基础》
	与商务印书馆签订出版协议
1935 年	上书罗斯福总统，陈述美国远东政策建议，废除白银购入政策
1936 年	曾世英到雪城大学学习航测
1939 年	邀请中国驻美大使胡适访问雪城大学，并在家中宴请胡适
1940 年	募捐救济中国难民
	谌亚达翻译《中国区域地理》
1943 年	美国国务院访问教授，中国地理研究所兼职研究员，加入中国地理学会
1944 年	访问中国主要大学，演讲，出版《亚洲之地与人》
	9 月，接待金陵大学校长陈裕光访问雪城大学
1945 年	《中国区域地理》中文版出版
1946 年	《亚洲之地与人》中文版出版
	涂长望到雪城大学地理系讲学两周
1947 年	在雪城建设中西合璧的别墅
	招收中国研究生谢觉民
1948 年	成立美国地理学家协会亚洲地理分会
	计划再度访问中国
1950 年	访问香港
	招收中国研究生阚家蓂
1951 年	访问台湾，拜会洪思齐
1952 年	主持国际地理联合会华盛顿大学，获得戴维森奖章
1953 年	退休，当选 Maxwell 教授
1955 年	出版《五亿人的土地》
1963 年 10 月	逝于纽约州雪城家中（101 Windor Pl.）

附录 II：葛德石著述目录（中国部分）

1924 Into China through the Side Door, *The Mandarin*, Vol. 2 (April)

Street Life in Peking, *Missions*, Vol. 15 (June), pp. 324-325

1928 The Geology of Shanghai, *China Journal*, Vol. 8, pp.334-345; Vol. 9, pp. 89-96

Manchuria, China's New North, *Voice Quarterly (Shanghai College)* Vol.17, pp.28-31

The Meaning of Geology, *Voice Quarterly*, Vol. 18, pp. 24-39

1929 Geographic Regions of China, *Proceedings, Fourth Pacific Science Congress*, Java, 2B, pp.1051-1054

Land Utilization around the Pacific, *Proceedings, Fourth Pacific Science Congress*, Java, 2B, p.1047

1930 The Geographic Regions of China, *Annals Association of American Geographers*, Vol. 20, pp.26-27

The New Map of China, *Geographical Review*, Vol.20, pp.652-56

The Geographic Regions of China, *Annals, American Association of Political & Social Science*, Vol. 152, pp.1-9

1931 The Chinese of Celestial Cathay, *Home Geographic Monthly*, Vol.1, No.3 (March), pp.8-14.

The Distribution and Origin of Chinese Loess, *Annals, Association of American Geographers*, Vol.21, p.120

1932 Chinese Colonization in Mongolia: A General Survey, in *Pioneer Settlement*, Ed, by I. Bowman. (New York: American Geographical Society) pp.273-289

Why Shanghai? *Annals, Association of American Geographers*, Vol.22, pp.52-53

China, the Middle Kingdom, *Home Geographic Monthly*, Vol. 1, No.2 (Aug.), pp.31-36

Chinese Homes and Home Sites, ibid, Vol.2, No.3 (Sept.), pp.31-36

How the Chinese Dress, ibid, Vol.2, No.4 (Oct.), pp.31-36

Three Meals in China, ibid, Vol.2, No. 5 (Nov.), pp.31-36

How the Chinese Travel, ibid, Vol.2, No. 6(Dec.), pp.31-36

1933 The Ordos Desert of Inner Mongolia, *Denison University Bulletin, Journal of the Scientific Laboratories*, Vol.33, pp.155-248

1934 *China's Geographic Foundations.* (New York: McGraw-Hill)

Agricultural Regions of Asia, Part VI: China, *Economic Geography*, Vol.10, pp.109-142

1935 The Fenghsien Landscape: Human Adjustments in the Yangtze Delta, *Annals, Association of American Geographers*, Vol. 25, p.38.

1936 The Fenghsien Landscape: A Fragment of the Yangtze Delta, *Geographical Review*, Vol.26, pp.396-413

1937 T'ungchow and Shatin, Two Chinese Communities, *Annals, Association of American Geographers*, Vol. 27, p.102

1938 The Land Forms of Chekiang, *Annals, Association of American Geographers*, Vol. 28, pp.259-276

1940 The Place of Geography in Far Eastern Studies, *Notes on Far Eastern Studies in America*, Vol. 6 (Jan.), pp.1-2

1944 *Asia's Lands and Peoples.* (New York: McGraw-Hill)

1945 Geographical Education in China and India, *Geographical Review*, Vol.35, pp.486-488

Educational Problems in China, *Bulletin AAUP*, Vol 31, pp.1-10

1949 China's Prospects, in *New Compass of the World*, Ed By H. Weigert, V. Stefansson, and R. E. Harrison, (New York: Macmillan), pp.249-61

1951 Hong Kong, Beachhead for Democracy, *Far Eastern Survey*, Vol.20, p.153-155

1953 Essentials Lacking for China Mainland Invasion, New York Weekly Press, Vol.3, pp.4 ff

1954 China, in Approaches to an Understanding of World Affairs, *Twenty-fifth Yearbook of the National Council for the Social Studies*, Ed. By H.R. Anderson, (Washington, D. C.) pp.171-180

1955 Changing the Map of China, *Economic Geography*, Vol.31, pp.1-16

China's First Five-Year Plan, *Foreign Policy Bulletin*, Vol.34, pp. 109-111

The 1953 Census of China, *Far Eastern Quarterly*, Vol. 14, pp.387-388

Changing China, *The Progressive*, Vol. 19, No.9 (Sept.), pp.8-11

Source Materials on Communist China, *Professional Geographer*, Vol.7, No.4, pp 5-10

Land of the 500 Million: A Geography of China, (New York: McGraw-Hill)

1960 The Physical Geography of Tibet, *Geographical Review*, Vol. 50, pp.592-593

参考文献

1. 档案

美国雪城大学档案馆：葛德石档案（George Babcock Cressey，1896–1963）

美国雪城大学图书馆特藏部：雪夏档案（Syracuse–in–China）

美国芝加哥大学图书馆特藏部：Robert S. Platt 档案

美国耶鲁大学图书馆特藏部：Ellsworth Huntington 档案

美国克拉克大学图书馆特藏部：Wallace Atwood 档案

美国亨廷顿图书馆特藏部：Willis Bailey 档案

美国自然历史博物馆档案部：Roy Champan Andrews 档案

台湾“中央”研究院近代史所档案馆：朱家骅档案

台湾“中央”研究院史语所傅斯年图书馆：傅斯年档案

2. 报纸期刊

《人民日报》

《地理学报》

《地理》

《清华学报》

North–China Daily News

North Herald

Peking Leader

Post standard

Syracuse Herald Journal

3. 书籍

(1) 中文书目

方显廷著，方露茜译：《方显廷回忆录》，北京：商务印书馆，2006 年。

阚家蓂：《思莼集》，台北：晨钟出版社，1972 年。

葛德石著，王勤堉译：《苏联国力的基础》，上海：开明书店，1947 年。

葛德石著，张印堂，刘心务译：《亚洲之地与人》，上海：商务印书馆，1946 年。

葛德石著，薛贻源译：《中国的地理基础》，重庆：开明书店印行，1945 年。

顾颉刚：《顾颉刚日记》，台北：联经出版公司，2007 年。

沪江大学：《沪大一览（1929—1930 年）》，上海，1929 年。

胡卫清：《普遍主义的挑战：近代中国基督教教育研究，1877—1927》，上海：上海人民出版社，2000 年。

矶野富士子整理：《蒋介石的美国顾问——欧文·拉铁摩尔回忆录》，上海：复旦大学出版社，1996 年。

クレッシイ著，三好武二譯：《滿洲·支那の土地と人》，東京：偕成社，改訂新版，1940 年。

李承三：《中国地理研究所的六年和将来》，重庆：中国地理研究所印行，1946 年。

李学通：《书生从政——翁文灏》，兰州：兰州大学出版社，1996 年。

《林超地理学论文选》，北京：北京大学出版社，1993 年。

《南大百年实录》，南京：南京大学出版社，2002 年。

任美锷：《建设地理新论》，重庆：商务印书馆，1946 年。

盛叙功：《中国人生地理》，上海：中华书局，1936 年。

苏联科学院地理研究所编，田蒙译：《为美帝服务的资产阶级地理学》，上海：中华书局，1952 年。

司徒尚纪：《吴尚时》，广州：广东人民出版社，1995 年。

王立诚：《美国文化渗透与近代中国教育——沪江大学的历史》，上海：复旦大学出版社，2001 年。

王运来：《诚真勤仁，光裕金陵—金陵大学校长陈裕光》，济南：山东教育出版社，2003 年。

温克刚主编：《涂长望传》，北京：当代中国出版社，1997 年。

翁文灏著，李学通等整理：《翁文灏日记》，北京：中华书局，2010 年。

吴传钧主编：《20 世纪中国学术大典·地理学》，福州：福建教育出版社，2002 年。

吴传钧，施雅风主编：《中国地理学 90 年发展回忆录》，北京：学苑出版社，1999 年。

谢觉民主编：《史地文集——纪念浙江大学史地系成立 70 周年》，杭州：浙江大学出版社，2007年。

杨翠华:《阮维周先生访问记录》，台北:台湾“中央”研究院近代史研究所，1992年。

张印堂编著：《地理研究法》，南京：正中书局，1937年。

张同铸：《为帝国主义服务的人文地理学》，北京：新知识出版社，1956年。

中国社会科学院文献情报中心编：《美国中国学手册》，北京：中国社会科学出版社，1993年。

《竺可桢全集》，上海：上海科学教育出版社，2004年。

竺可桢：《竺可桢日记》，上海：上海科技出版社，2010年。

（2）**英文书目**

Daniel H. Bays& Grant Wacker, *The Foreign Missionary Enterprise at Home: Explorations in North American Cultural History*, Tuscaloosa and London: University of Alabama Press, 2003

George B. Cressey: *China's Geographic Foundations: a survey of the land and its people*, Mcgraw-Hill Book Company, INC. New York and London, 1934

Wilma Fairbank, America's Cultural Experiment in China, 1942-1949, Cultural Relations Programs of the U.S. Department of State, *Historical studies*: Number 1,1976

Foreign relations of the United States, 1943, China, Washington, D. C.: Government Printing Office, 1956

John Burder Hipps, History of the University of Shanghai, *Board of Founders of the University of Shanghai*, 1964

Hsieh, James Chiao-min, *Land and Life in the Ridges and Valleys of Eastern Szechuan*, M.A, Thesis, Syracuse University, 1950, National Agricultural Library, Beltsville, MD

Kenneth S. Latourette, *A history of Christian Mission in China*, New York: Macmillan, 1929

Liu En-lan, Climate: *A Dictator of China*, Thesis (M.A)-Clark University, 1931

Liu En-lan, *Rainfall variations in China: Their nature, causes and effect*, Thesis (Ph.D.)-St. Hilda's College, Oxford University, 1940

Joseph Needham and Dorothy Needham Edited, *Science outpost: Papers of the Sino-British science co-operation office, 1942-1946*, London: the Pilot Press LTD, 1948

Robert Payne, *Chungking Diary*, William Heinemann LTD: London and Toronto, 1945

The Peking Mandarin, 1922-1923 Year Book of the North China Union Language School, Beijing, Commercial Press, 1923,

John N. Thomas, *The Institute of Pacific Relations: Asian Scholars and American Politics*, Settle: University of Washington Press, 1974.

Francis Johnstone White, *Story of the University of Shanghai*, Shanghai, 1935

A Guide to Doctoral Dissertations by Chinese Students in America 1905-1960, Compiled by Tung-li Yuan,the Sino-American Cultural Society, Inc, W.D.C, 1961

4. 文章

(1) 中文文章

白眉初:《论国本系奠于地理学术之上》,《师大月刊》1933年第7期,第11—16页。

葛德石著,龙章节译:《鄂尔多斯沙漠》,《边政公论》1945年第4卷第4—6期,第42—51页;《鄂尔多斯沙漠》(下),《边政公论》1945年第4卷 第7—8期,第41—47页。

洪思齐:China's Geographic Foundation: A Survey of the Land and Its People,《清华学报》1935年7月10卷第3期,第791—801页。

洪思齐:《介绍一本中国地理新著》,《地理学报》1936年第3卷第1期,第203—209页。

洪思齐:《划分中国地理区域的初步研究(摘要)》,《地理学报》1934年第1卷第2期,第1—19页。

李旭旦:《翁文灏先生对我国地理学的贡献》,《地理学报》第39卷第3期。

孙敬之:《对于徐近之"国际地理大学历次概况"检讨的意见》,1952年6月第18卷,第131—133页。

孙敬之:《肃清地理学中的崇美思想》,《人民日报》1952年4月25日第3版。

田世英:《国际地理大会的透视——评徐近之:"国际地理大会历次概况"》,《地理学报》1952年5月第18卷3、4合期,第123—128页。

徐近之:《评葛德石之亚洲土地与人民》,《地理学报》1944年,第46—47页。

徐近之:《我对于"国际地理大会历次概况"一文的检讨》,1952年6月第18卷,第129—130页。

徐兆奎:《葛德石反动地理学思想批判》,《地理学报》1958年2月第24卷第1期,第103—117页。

张九辰:《竺可桢与东南大学地学系》,《中国科技史料》2003年第24卷第2期,第112—122页。

张印堂:《China's Geographic Foundations》,《清华学报》1935年第10卷第2期,第518—530页。

赵晓阳:《美国学生海外传教运动与中华基督教学生立志传道团》,《宗教学研究》2008年第3期,第210—215页。

竺可桢,孙敬之:《中国地理学会对本报批评"地理学报"的答复人民日报编辑部》,《人民日报》1953年5月17日第3版。

朱家骅:《中国地理研究之重要》,《地理》1942 年 6 月第 2 卷第 1、2 期合刊，第 1 页。

邹豹君 :《George B. Cressey: Land of 500 Million, A Geography of China》, 台湾《清华学报》1958 年 9 月第 1 卷 3 期，第 184–189 页。

（2）英文文章

H.C. Brownell, *the Journal of Modern History*, Vol.7, No.3 (Sept, 1935), pp.318-319

Chen Han-Seng, Review, *Pacific Affairs*, Vol.7, No.4 (Dec, 1934), pp. 455-457

Chu Coching, The Aridity of North China, *Pacific Affairs*, Vol.8, No.2 (Jun., 1935), pp.206-217

George B. Cressey, Notes on the Sand Dunes of Northwestern Indiana, *Journal of Geology*, XXX (1922), 248-251

George B. Cressey, The Fenghsien Landscape: A Fragment of the Yangtze Delta, *Geographical Review*, Vol. 26, No. 3(Jul, 1936), pp.396-413

George B. Cressey, the Land Forms of Chekiang, *Annals of the Association American Geographers*, Vol. 28, No.4 (Dec, 1938), pp.259-276

George B. Cressey, Foundations of Chinese Life, *Economic Geography*, Vol.15, No.1 (Jan, 1939), pp.95-104

George B. Cressey, the Geographic regions of China, *Annals of the American Academy of Political and Social Science*, Vol.152, China (Nov. 1930), pp.1-9

George B. Cressey, The Meteorology of China, by E. Gherzi; Climatological Atlas of East Asia by E. Gherzi, *Geographical Review*, Vol. 44, No.2 (Apr., 1964), pp.311-312

George B. Cressey, Agricultrual Regions of Asia Part VI-China, *Economic Geography*, Vol.10, No. 2 (Apr., 1934), pp.109-142

George B. Cressey, Changing the map of China, *Economic Geography*, Vol.31, No. 1 (Jan., 1955), pp.1-16

George B. Cressey, The Ordos Desert of Inner Mongolia, Reprinted from Denison University Bulletin, *Journal of the Scientific Laboratories* Vol. XXVIII, October, 1933

George B. Cressey, Chinese Farm Economy: A study of 2866 Farms in Seventeen Localities and Seven Provinces in China by John Lossing Buck, *Geographical Review*, Vol. 21, No.2 (Apr., 1931), p.352

George B. Cressey, An Agricultural Survey of Szechwan Provicnce China, by John Lossing Buck, *Geographical Review*, Vol.33, No. 4 (Oct., 1943), p.692

George B. Cressey, Agricultural Regions of Asia—Part VI China, *Economic Geography*, Vol.10, No. 2(April 1934), 109-142

George B. Cressey, Wallace W. Atwood, 1872-1949, *Annals of the Association of American Geographers*, Vol.39, No.4 (Dec., 1949), pp.296-306

E. Edwards, *Bulletin of the School of Oriental Studies*, University of London, Vol. 7, No.3(1934),pp641-643

W. Elmer Ekblaw, Review, *Economic Geography*, Vol. 10, No.3 (Jul., 1934), pp.320-321

Ellsworth Faris, China's Geographic Foundations: A Survey of the Land and Its People Review, *American Journal of Sociology*, Vol.40, No.3 (Nov., 1934), pp.379-380

Robert E.L. Faris, Paul F. Cressey 1899-1969, *The American Sociologist*, Vol.4, No.3 (Aug., 1969), p.259

Geographical Review, Vol.24, No.3 (Jul, 1934), pp512-513

Ferdinand W. Haasis, *Ecology*, Vol.16, No.4 (Oct, 1935), pp.655-656

Theodore Herman, George Babcock Cressey, 1896-1963, *Annals of the Associatioin of American Geographers*, Vol.55, No.2 (Jun., 1965), pp.360-364

Preston E. James, George Babcock Cressey, 1896-1963, *The Geographical Review*, Vol.LIV, No.2, 1964, pp.254-257

William A. Koelsch, Wallace Atwood's Great Geographical Institute, *Annals of the Association of American Geographers*, Vol. 70, No. 4 (Dec., 1980), pp.567-582

John E. Orchard, *The Journal of Political Economy*, Vol.42, No.6 (Dec, 1934), pp.826-828

P. M. Roxby, *International Affairs* (Royal Institute of International Affairs 1931-1939), Vol. 13, No.4 (Jul-Aug, 1934), pp.598-600;

P. M. Roxby, *The geographical Journal*, Vol. 84, No.1 (Jul. 1934), pp.75-77

P. M. Roxby, *Pacific Affairs*, Vol.7, No.2 (Jun, 1934), pp.212-215

Glenn T. Trewartha, *Annals of the American Academy of Political and Social Science*, Vol.173, (May, 1934), pp.210-211

Stephen S. Visher, Rollin D. Salisbury and Geography, *Annals of the Association of American Geographers*, Vol. 43, No. 1(Mar., 1953), pp.4-11

S. S. Visher, Memoir to Ellsworth Huntington, 1876-1947, *Annals of the Association of American Geographers*, Vol. 38, No. 1 (Mar., 1948), pp.38-50

Yuan, Tung-li, *A guide to Doctoral Dissertations by Chinese Students in Continental Europe, 1907-1962*, Reprinted from Chinese Culture Quarterly, Vol. V, No.3,4 and Vol. VI, No.1 p.9

后 记

在北京读书期间，从导师唐晓峰博士那里知道了葛德石，感叹民国海外竟有此等人物研究中国地理。毕业之后，有幸负笈葛德石曾执教三十年的雪城大学。还记得8月的一个中午，当我在大学图书馆的特藏部见到葛德石的五十七箱档案时，感觉恍如隔世。

葛德石档案由其子在1986年捐给雪城大学。在这些档案之中，与中国直接相关的大约有十箱，主要包括葛德石的手稿、信函、报告、笔记、照片以及旅行证件等，除了数百张中国照片外，其中最为珍贵的就是信函。在那些令人目眩的通信人中，不仅有中国地理学界的巨匠翁文灏、竺可桢，更有民国地理学界的中流砥柱，例如胡焕庸、黄国璋、张其昀、洪思齐、张印堂、刘恩兰、李旭旦、任美锷、林超等。毫不夸张地说，葛德石通信涵盖半部民国地理学史。

葛德石的书信在中国恐怕所存无几，而葛德石不仅保存了对方来函，而且有时还保留自己的回信，如此可以让我们更好地解读双方之间的对话。在书信的字里行间流露出的是葛德石对中国的拳拳之心。在民国地理学界，可与葛德石比肩的是英国地理学家罗士培，他也是研究中国，并逝于中国，但是他身后所留档案甚少，因此葛德石档案实为解读民国地理学不可多得的珍稀资料。

本书主要建立在解读葛德石档案基础之上。青灯古卷，前后花费四年的时间，其间因为疲于博士课程与论文，只能在朝夕之间，忙中偷闲，书写葛德石。在阅读档案过程之中，还是要面对一些实际困难。其中之一是人名和地名。因为在大陆接受简化拼音教育，而民国时期的名字都是威氏拼音，辨读着实不易，如 Hsu Ginn-Tze 为徐近之。更要命的是名字简写，如 S.T. Lee 是李旭旦。其次是英文手写信函。民国地理学前辈基本都有欧美留学背景，写得一手流畅但飘逸的英文。特别是抗战期间，学者局促一隅，在寸纸上挥洒才情，而为我辈阅读平添许多“愁”。

在解读的过程中，总是感叹对于历史我们知道的只是其中极小一部分，因此本书还借助了一定的相关档案资料。美国一流的馆际互借服务为我查阅全美所藏的相关资料提供了坚实保障。2011 年在台湾“中央”研究院访学之际，我又查阅了朱家骅档案。同时，海峡两岸学界不断出版的资料，例如《竺可桢日记》、《顾颉刚日记》以及《翁文灏日记》等，也为本研究增色不少。

本书要特别感谢北京大学、美国雪城大学、台湾“中央”研究院在不同时期为我提供研究条件与资料。另外还要致谢美国雪城大学档案馆、美国耶鲁大学图书馆特藏部、美国芝加哥大学图书馆特藏部、美国克拉克大学图书馆特藏部、美国自然历史博物馆特藏部、美国亨廷顿图书馆特藏部为本书提供档案资料。感谢美国雪城大学档案部以及葛德石先生的小女儿 Webster 女士授权使用出版葛德石的档案。同时，还要感谢杨雷师姐与学苑出版社筹划出版此书。最后感谢我的两位导师，北京大学唐晓峰教授和雪城大学柯启玄（Norman A. Kutcher）教授多年来对我的栽培与呵护。

丰邑 张雷

2012 年 9 月于美国雪城大学